POST TRUTH

HOW TO READ
THE NEWS
IN THE
POST-TRUTH
ERA

「ポスト真実」時代のネットニュースの読み方

松林 薫

Kaoru Matsubayashi

晶文社

装丁——岩瀬聡

はじめに

２０１７年は、10年後に振り返った時、日本のジャーナリズムにとって転換点だったと言われる年になるのではないかという予感がしています。

理由は二つあります。

一つは、２０１６年末に、急成長しているネットジャーナリズムの世界で、信頼性や倫理をめぐる議論に火がついたことです。

きっかけは、ＤｅＮＡが運営する医療・健康情報サイト「ＷＥＬＱ」で、記事の盗用や内容についての不備が指摘されたことでした。これをきっかけに同社が関わるサイトが次々と閉鎖されただけでなく、サイバーエージェントやリクルートといった、そうそうたる企業のサイトが記事の非公開化などの見直しを迫られました。

信頼性が低い情報の氾濫や、著作権の侵害は、これまでもネット業界で繰り返し論じられてきた問題です。しかし、その発信者の大半は個人や中小企業であり、議論にはなっても具体的なアクションに結び付きにくかったのが現実でした。しかし、そうした問題が、東証一部上場でプロ野球の球団まで持つ大企業によって引き起こされたことで、事態が大きく動き始めたのです。

ネット情報の信頼性の問題は、海外でもクローズアップされています。英語辞典を発行するオックスフォード大学出版局は、２０１６年の言葉に「POST-TRUTH（ポスト真実）」を選びました。「真実がどうでもよくなった時代」とでも訳せばいいのでしょうか。いうまでもなく、英国のＥＵ離脱を巡る国民投票や米国の大統領選挙で、不正確な情報に基づいた宣伝や、人々の感情を煽り立てるようなデマが政治で決定的な力を持ったことを踏まえた言葉です。

これらは一見すると、真実の追求を目指してきたジャーナリズムの衰退を象徴しています。しかし、こうした問題に光が当たったことで、課題克服への具体的な取り組みも始まるでしょう。実際、２０１６年末以降、フェイスブックがフェイク（偽）ニュースを警告する仕組みを導入したり、グーグルが質の低い「まとめ記事」の表示順位を下げたりといった対策が進んでいます。今後も、従来の社会問題と同じように、ネットジャーナリズムの業界団体が結成されて自主規制の指針が示されたり、サイトや記事の信頼性を一般の人が判別しやすい仕組みが導入されたりするのではないでしょうか。２０１７年は、そうした動きが本格化し、ネットジャーナリズムが健全な成長軌道に乗れるかどうかがかかった年だと言って過言ではないでしょう。

もう一つは、ＳＮＳを始めとしたインターネットの影響が強まったことで、従来の伝統的ジャーナリズム論の限界が明らかになりつつあると思うからです。

もっとも、「ネットによってジャーナリストの堕落や政治的偏向が露わになった」「紙媒体が時代遅れになった」といった、言い古された言説に乗っかろうというわけではありません。もちろん、そうした側面があるのは事実ですが、一般に信じられているほど本質的な要素ではないと思うからです。

例えば、次のような指摘を読んで、みなさんはどのように感じるでしょうか。

(1) ジャーナリズムに対する疑惑がひろがっている。

ジャーナリズムはまた、いつか来た道を歩みはじめているのではないか。権力と癒着して、読者、視聴者である人民大衆をだます側に加担しはじめているのではないか。

いや、もうとっくに、そうなってしまっている、もう手遅れだ、と断言する人もいる。国家権力の言論統制のしかたは、戦前とは比較にならぬほど巧妙になった。マスコミは権力の手中にまるめこまれて、身動きもできないほど、がんじがらめになっている。(『講座現代ジャーナリズムII 新聞』城戸又一ほか編、時事通信社)

(2) 近頃、新聞に対する不信感が一般読者のうちにもかなり強く出てきましたね。いわゆる新聞の偏向ということが問題になっています。そのせいか、ある大新聞は少々方向転換しつつある。たとえば中国の覇権問題で、その新聞の今までの姿勢だったら当然賛成しそうなのに、非常に慎重な態度をとっています。(『新聞のすべて』福田恆存監修、高木書房)

(3) すでにしてラジオ・テレビなど電波媒体の出現によって、過去の新聞の生命とされた速報性を奪われた新聞は、エレクトロニクス化し、随時参加のデータ通信時代ともなれば、旧態依然たる印刷過程と、物質としての運搬過程を必要とする新聞紙は、不要になり衰滅するのではないかという心配もある。いずれにしても新聞がいまの形のままでいつまでもマス・コミュニケーションの王座を占め、支配的存在でありつづけることはむつかしく、時代の変化に対応した、何らかの変容を迫られていることは確かである。(『新聞の行動原理』小林信司、毎日新聞社)

いずれも、まったく違和感なく読め、共感を覚える人が少なくないと思います。しかし、これらは最近の本からの抜粋ではありません。実はすべて1970年代に書かれたものなのです。(1)1973年/(2)1975年/(3)1971年)

40年間も同じ指摘を受け続けているのに変われなかったことはもちろん問題でしょう。ただ、こうした指摘は最近、急に出てきたものではなく、80年代、90年代も含めてずっと言われ続けてきたことでしかないとも言えるのです。

では本質的かつ構造的な変化とは何なのか。詳しくは本論を読んでいただくとして、最初に一つだけ指摘しておきたいのは、現代のネット社会において「ジャーナリズム論」は、ジャーナリストだけのものではなくなった、ということです。

従来のジャーナリズム論が取り上げてきたのは、報道に携わる「プロ」の責任や役割についてでした。例えば、「権力との癒着を避け、監視するにはどうすればいいか」「人権に配慮した報道とはどうあるべきか」「報道は政治的中立を守るべきか、むしろ主張を明確にすべきか」といった問題を論じてきたのです。

これらの議論が行われることは民主主義のもとで健全な社会が営まれる前提条件であり、その意味では市民に深く関係します。しかし、一方でジャーナリストと、情報の受け手である市民の間には明確な境界が存在していたように思います。乱暴に単純化すれば、ジャーナリズム論を専攻する学生や、記者と接する機会のある職業を除けば、市民にとっては「他人事」だったのです。

しかし、新聞やテレビなどの伝統的メディアも含め、ネットを土台としたジャーナリズムの世界では、市民の振る舞いが時にはジャーナリスト以上に大きな影響を与えます。それは、はじめに指摘したデマニュースの拡散問題にも、端的に表れています。要するに、メディア関係者だけでなく、一般市民もジャーナリズム論を学び、自らの役割を自覚し、ある種の技術や能力を獲得する責任が生じていると思うのです。本書では、こうした問題意識を出発点に、ネット情報とのつきあい方について考えていきたいと思います。

私は1999年から2014年まで、日本経済新聞の記者をしていました。在籍したのは、ちょうど同紙がインターネット事業を展開し、全国紙の中では最も多い数十万部の有料電子版を発行するに至った時期にあたります。当然、私たち記者の取材活動や原稿執筆などもネット化の影響を受けて大きく変わりました。その過程で感じたことや学んだことを、この変化の時代に少しでも社会に還元できればと思っています。

郵 便 は が き

恐れ入りますが、52円切手をお貼りください

101-0051

東京都千代田区
神田神保町 1-11

晶 文 社 行

◇購入申込書◇

ご注文がある場合にのみご記入下さい。

■お近くの書店にご注文下さい。
■お近くに書店がない場合は、この申込書にて直接小社へお申込み下さい。
送料は代金引き換えで、1500円(税込)以上のお買い上げで一回230円になります。

宅配ですので、電話番号は必ずご記入下さい。
※1500円(税込)以下の場合は、送料530円(税込)がかかります。

(書名)	¥	(　　)部
(書名)	¥	(　　)部
(書名)	¥	(　　)部

ご氏名　　　　　　　印　TEL.

ご住所 〒

晶文社　愛読者カード

お名前《ふりがな》　（　　歳）　ご職業

ご住所　〒

Eメールアドレス

お買上げの本の
書　　　名

本書に関するご感想、今後の小社出版物についてのご希望などお聞かせください。

ホームページなどでご紹介させていただく場合があります。(諾・否)

お求めの書店名		ご購読新聞名	

お求めの動機	広告を見て（新聞・雑誌名）	書評を見て（新聞・雑誌名）	書店で実物を見て / 晶文社ホームページ〃	その他

ご購読、およびアンケートのご協力ありがとうございます。今後の参考にさせていただきます。

「ポスト真実」時代のネットニュースの読み方——目次

2章 ネット情報を利用する前に

5章 メディアのこれから

1 章
ネットで変わったジャーナリズム

1
ジャーナリズムの本質的な変化

インターネットの登場は、ジャーナリズムの世界にも大きなインパクトを与えました。変化の一つは、紙や電波といった異なる媒体を通じて報じられていたニュースが、インターネットという「同じ空間」の中で取り扱われるようになったことです。

インターネットは報道のコストを劇的に低下させました。新聞事業であれば、かつては巨大な輪転機や宅配網、テレビ事業であれば撮影機材のそろったスタジオや電波の送信設備が必要でした。しかし現在では、パソコンが一つあれば、新聞社やテレビ局のような情報発信を、同じ規模のユーザーを対象に行うことが可能になったのです。

こうした変化は、ジャーナリズムにどのような変化を与えたのでしょうか。この点に関してはジャーナリストの間でも意見が分かれています。

まず、情報を伝える媒体が変わっても、「真実を追求し、人々に伝える」という社会的な役割自体が変化したわけではありません。そうであれば、ジャーナリズムの本質も変わらないのではないか、という意見があります。

しかし一方で、インターネットの普及が市民の情報消費に大きな変化をもたらしたことも事実です。そうしたなかで、ジャーナリズムのあり方もまた、少なからず変化したことは間違いないでしょう。

一方通行から双方向へ

では、どのように変わったのでしょうか。

こうした問題を考える「ジャーナリズム論」は、欧米では百年以上の歴史を持つ学問分野です。そこで論じられてきたテーマは、もっぱらジャーナリストや報道機関のあるべき姿や、責任、職業倫理などについてでした。別の言い方をすれば、「供給者側の問題」を研究してきたのです。具体的に言えば、「どうすれば誤報を防ぐことができるか」「報道の中立性とは何か」「報道による人権侵害をどう防ぐか」といった問題が議論の中心を占めていたのです。

別の表現をすれば、従来のジャーナリズム論は基本的にプロの世界の議論でした。問われているのはマスコミ人の職業倫理や技術であり、消費者側に対する関心は、「報道が社会にどんな影響を与えるか」といった、いわば二次的なレベルにとどまっていたのです。

しかし、インターネットの登場は、マスメディアと市民の間の「情報の流れ」を根本的に変えました。メディアが紙や電波中心の時代には、情報は「報道機関から受け手へ」という、一方通行だったと言っていいでしょう。ジャーナリストや報道機関は情報を発信し、受け手はそ

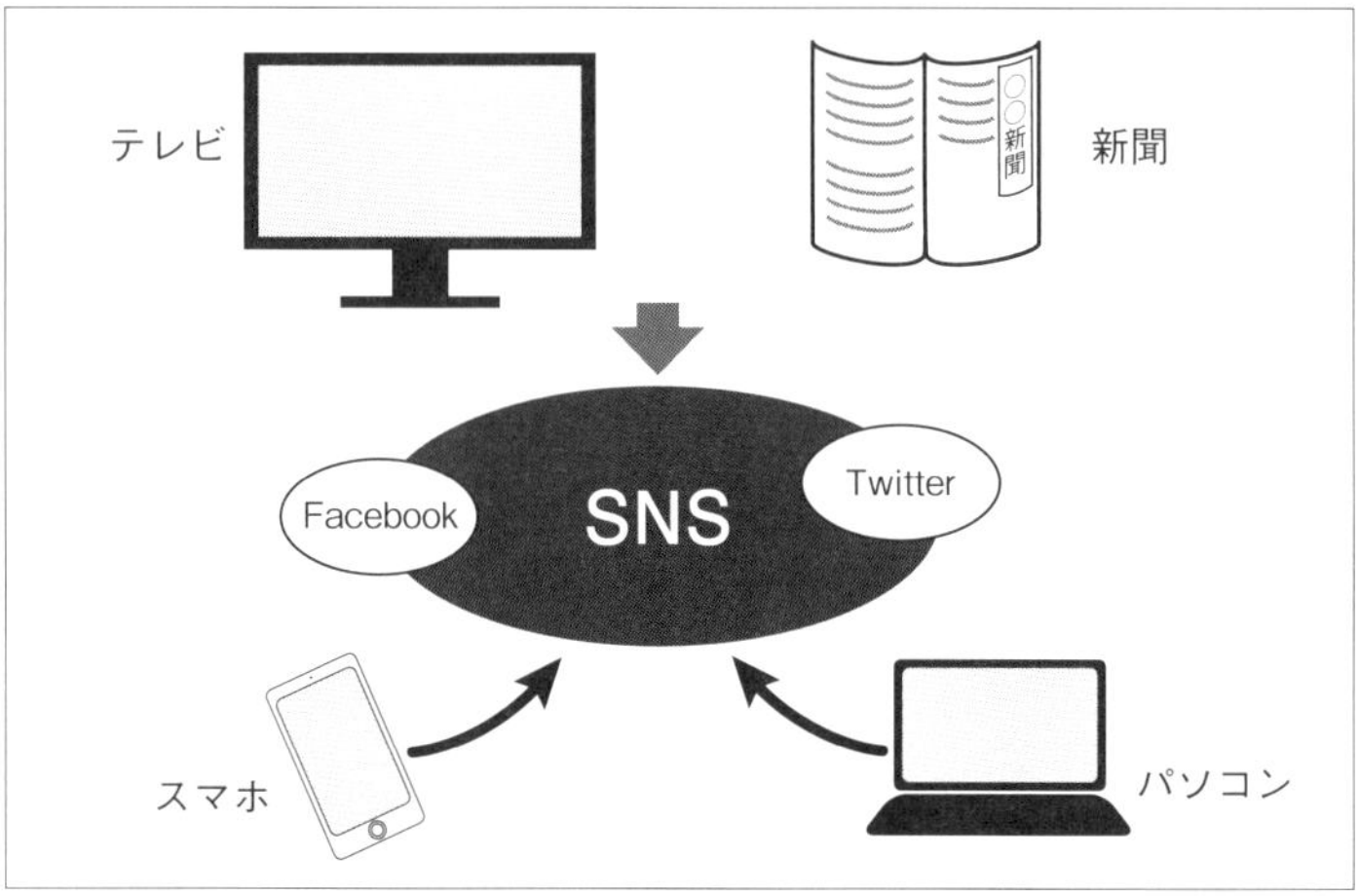

情報の流通も市民が担う

れを消費する。こうした立場の違いが明確だったわけです。

しかし、報道の舞台がインターネット上に移行すると、情報の流れも一方通行から双方向へと変化しました。同時に、市民同士がマスコミ情報を共有したり、論評したりすることが決定的な役割を果たすようになったのです。

例えば現在では、ネットで配信される記事の大半に、SNSによる拡散機能やレスポンス機能がついています。記事のリンクを仲間に知らせたり、感想を書き込んで記事と一緒に読んでもらったりすることが可能になったのです。

これは、一般市民の評価や意見を、他の読者が記事と同時に消費するようになったことを意味します。言い換えれば、一般の人のコメントが、記事という「商品」の一部に組み込まれるようになったのです。

もちろん従来も、新聞記事に一般市民のコメントが載ることはありました。しかしそれは、たまたま記者から意見を求められた人や、「読者欄」に投稿した人、新聞社が実施する世論調査の対象になった人などに限られていました。しかし今では、記事のコメント欄への書き込みや、SNSでの情報発信によって、読者はいわばコンテンツ作成の一部を担うという意味で、記者と同じ「供給者側」に立つようになっているのです。

これは、コンテンツの作成だけでなく、「流通」でも同じです。

ネット上の報道は、多かれ少なかれSNSによる「ロコミ」に依存しています。記事には必ずと言っていいほど拡散ボタンが設置されているのもこのためです。記事を読んだ人が、自分の知り合いやフォロワーに紹介してくれることによって、より多くの人に伝わっていくことを狙っているのです。

情報を市民に広く伝える仕組みは、かつては報道機関の側で完結していました。新聞社であれば記事を紙に印刷してトラックで販売店に輸送し、販売店は契約者に対してそれを配っていました。テレビも電波送信設備を持ち、各家庭に設置されたアンテナなどに向かって電波の形で情報を送り届けていたのです。

しかしネット時代には、こうした「情報の配信」もユーザーが担うようになっていると言えます。ネットで配信した記事がどれだけ読まれるかは、それを読んだ第一読者がどれだけSNSなどで拡散するかに左右される世界になっているからです。いわば新聞配達や、電波の送信設備が果たしていた役割を、知らず知らずのうちに市民が担うようになっているのです。

このように、ネット時代のジャーナリズムにおいては、受け手は単なる消費者ではありません。情報の生産の一部を担い、その流通においても大きな役割を果たしているのです。

強まった読者側の影響力

ネットを介した記者と読者との交流も増えています。記事を書いた本人がツイッターなどでその記事を紹介し、その感想を読者が記者に直接返すことも珍しくなくなりました。海外メディアでは、記事の署名とともに記者のメールアドレスを公開している例もあります。

こうして情報が双方向になると、報道側は透明性や説明責任を問われる機会が増えます。昔から新聞社やテレビ局は問い合わせ窓口を設置し、読者の意見や批判は、そうした窓口で処理してきましたが、現在では記者が直接対応しなければならないケースが増えています。記事に不備があった場合、指摘を受けながら放置すれば、すぐにSNSで炎上してしまいます。

市民が報道内容を検証することも、容易になりました。ネット上で、同じニュースについて複数のメディアの報道を比較することが容易になり、「偏った記事」や、かつては見過ごされていたような誤報が、受け手にもすぐ判別できるようになったのです。

受け手が報道に対してどのような評価を下したのかが、可視化されるようになったことも重要なポイントです。問題のある記事や、人々の反感を買う記事にはSNSなどで批判コメントがたくさん寄せられます。逆に面白い記事にはたくさんの評価コメントがつき、どれだけ記事が読まれたかや、SNSでどれだけ拡散されたかなどが、数字で見えるようになったのです。

もちろん、こうした「評価の可視化」がネット以前になかったわけではありません。読者からの意見や感想は手紙や電話で新聞社に届けられていたし、テレビ局は視聴率という数字で読者の反応を把握していました。しかし、インターネットが、そうした評価機能を大幅に強化したことは間違いありません。

このことは、市民から報道への影響力が強まったことを意味しています。

例えば、新聞業界では、記者や記事の評価は伝統的に「身内」で行われていました。記事の質が高いかどうかといった判断は、基本的には同僚たちの「勘」に基づいていたのです。記事の閲読率や読者の感想は、新聞広告の単価を決める際の参考として調査されていますが、それが現場の記者に伝えられるケースはほとんどありません。

しかし、ネットに流した記事のクリック率や、SNS上での評価は一目瞭然です。読者の感想も、手紙なら年に数本程度だったものが、メールやSNSであれば記者が年に何百という単位で目にするようになっているのです。

新聞社の中では、現在のところ、こうした読者の評価をダイレクトに人事評価や記事の選定に反映している例は少ないと思います。しかし、「数字」で示されるわかりやすい指標が登場したことで、テレビではすでに起きている「視聴率競争」が、新聞などの文字メディアにも広がっていくことは避けられないでしょう。それは、どんなニュースに焦点を当て、それをどう伝えるかという報道の姿勢にも大きな影響を与えていくはずです。

受け手側にも求められる責任とスキル

ネットがもたらした一連の変化は、かつてジャーナリストや報道機関が果たしてきた役割の一部を、受け手の側も担いつつあることを意味しています。別の観点から見れば、従来のジャーナリズム論で論じられていたプロの責任やスキルが、受け手の側にも求められるようになっているということなのです。

「メディアリテラシー」という概念は、報道が紙や電波を中心としていた時代に生まれました。当時、問題だったのは「メディアが発信した情報を受け手がどう解釈するか」でした。リテラシーのもともとの意味は「読み書き能力」ですが、実際に問われていたのは「読む」方の能力であり、「書く」能力は、今ほど切実なテーマではなかったのです。

しかし、ネット時代に入ると、ネットなどを通じて情報を発信する能力、つまり「書く」方の能力が決定的に重要になります。市民も単なる「情報の受け手」ではなく、記者の評価に関わったり、記事を他人に伝えたりする役割を担うようになったからです。

取材や編集、記事の評価といった作業は、かつては基本的にジャーナリストや報道機関だけがするものでした。集めた情報を取捨選択し、真偽の判断や価値の軽重を決める能力や技術は、プロだけに求められていたのです。しかし、ネット時代には、そうした能力を受け手側も求められるようになっています。

これは人権への配慮や、メディアスクラム、誤報を防止するなどといった「倫理」についても同じです。いわば、受け手の側もジャーナリストに準じたスキルや倫理を身に付ける必要が出てきたのです。いまや、「市民すべてがジャーナリスト」という時代になったと言ってもいいのです。先に述べた、一般の人がジャーナリズム論を学び、議論に参加する必要が出てきたというのは、そういう意味です。

どのようなスキル・倫理観が必要か

しかし、こうした認識は必ずしも広く共有されているわけではありません。メディアリテラシーの大切さを説くジャーナリストは増えたものの、情報の受け手側に何が求められるのか、どのようなスキルや倫理観が必要なのか、といったことについてはあまり活発に議論されていないのが実情です。

これは市民の側にも当てはまるでしょう。人々は昔からジャーナリストや報道機関に、高い技術や倫理観を求めてきました。現在でも、ネットを見れば、誤報や権力との癒着に対する批判、偏向報道に対する違和感などがジャーナリストや報道機関に投げかけられています。しかし、そうした厳しい眼差しが、ネット時代には自らにも向けられるのだということに気づいている人は少ないのではないでしょうか。

望むと望まざるとにかかわらず、ネット時代には市民もまた、報道システムに組み込まれています。こうした変化は市民自身が積極的に求めた結果ではありません。インターネットの普及の過程で、無自覚のうちにそのような体制に巻き込まれつつあるのです。

「炎上」が発生する理由

このことは、ネット上でしばしば発生する「炎上」について考えるとよくわかります。不祥事を起こしたタレントに対するSNSによるバッシングや、事件の容疑者のプライバシーの暴露競争は、ネット社会では日常風景と化しています。

新聞社に所属するジャーナリストの多くはこうした騒ぎに批判的で、冷ややかに見ています。しかし、よく考えてみれば、ネット炎上はマスコミの「メディアスクラム」と構図はそっくりです。例えば、「推定無罪」の原則が適用されるべき容疑者を犯人扱いするような報道や、事件のキーパーソンを集団で追いかけ回して、本人のみならず周囲の人の平和な生活まで破壊する行動は、マスコミ自身が抱えている問題です。炎上は、同じことが一般市民の間で起き始めているだけだとも言えるのです。

実際、ネット上で起きている問題の大半は、伝統的なジャーナリズム論でマスコミ自身の課題として議論されてきたものです。個人が企業からお金や商品の提供を受け、ブログで「口コミ」を装った宣伝を流すステマ（ステルスマーケティング）は、記者と取材先の癒着や、広告と報道の分離の問題に通じます。デマやヘイトスピーチも、「誤報」や「政治的扇動」の問題と根っこは同じと言っていいでしょう。言い換えれば、市民もジャーナリズム論が扱ってきた問題と向き合わなければならない時代になっているのです。

マスコミ最大のタブーは「読者」

そもそも、ジャーナリズムは一般市民から離れた所にあるわけではありません。インターネットが普及する以前から、実は消費者は報道に対して自分たちが自覚する以上に大きな影響力を持っていたのです。このことは、もう一度ネット時代に再確認する必要があるのではないでしょうか。

「マスコミ最大のタブー」と聞いて、みなさんは何を思い浮かべるでしょう。一般に指摘されるのは、「天皇制」「巨大宗教団体」「政権与党」「広告主」といったものでしょう。少なくとも従来のジャーナリズム論では、こうした勢力が報道に与える影響について論じられてきました。

こうした勢力が、マスメディアに対して強い影響力を持っていることは間違いありません。中には実際にタブーといえるものもあります。しかし、私が新聞社で15年間働くなかで、これらを具体的に「圧力」として意識する場面は、それほど多くはありませんでした。

一方で、同僚の間でもほとんど口にのぼることがないにもかかわらず、存在していたタブーがあったように思います。それは端的に言えば「読者」です。

マスコミに限りませんが、企業にとって最も怖い存在は顧客です。「お客様は神様です」という言葉があるように、顧客がそっぽを向けば、どんな企業もつぶれてしまうからです。

これは「第四の権力」と言われ、社会に大きな影響力を持っているマスメディアも例外ではありません。新聞社であればその新聞を長期契約している愛読者を敵に回すことはできないのです。

そもそも、先に挙げたマスコミのタブーとされているものの多くも、突き詰めると、本当に怖いのはそれぞれの背後にいる読者です。例えば、天皇制への批判がタブーとされるのは、天皇や宮内庁からの圧力を恐れているからではありません。宗教団体や政権与党も、確かに批判的な記事を載せれば抗議してくることはありますが、新聞社が恐れているのは、そうした直接的な圧力では必ずしもありません。

本当に怖いのは、読者の中に天皇制や宗教団体、政権与党を強く支持する人がたくさんいた場合に、顧客が離れてしまい、経営が成り立たなくなる事態なのです。つまり、誰もが思い浮かべるようなマスコミにとってのタブーの裏には、必ず読者という隠れた最大のタブーが潜んでいるのです。

転機となった「白虹事件」

こうしたタブーのいくつかは、マスコミ業界が歴史の中で体験した恐怖から生じているといってもいいでしょう。

戦時中の新聞は、「大本営発表」を垂れ流しました。しかし、新聞が初めから政府や軍部と馴れ合っていたわけではありません。むしろ、明治維新後の自由民権運動などと強く結びついていたことからもわかるように、軍部も含めた政府や、薩長などの藩閥政治への痛烈な批判者として出発したのです。

これに対し、政府は発禁処分などの圧力を加えました。しかし、それ自体が反権力の姿勢をくじいたわけではありません。

転機となった事件の一つに、1918年に起きた「白虹事件《はっこう》」があります。

この年、富山の女性たちがシベリア出兵に伴う物価高騰に怒って「米騒動」を起こします。新聞は、こうした民衆の不満を背景に、寺内正毅《まさたけ》内閣を激しく批判。危機感を持った政府は、米騒動などを報じることを禁じます。

これに反発した新聞業界は、幹部が集まって政府批判の集会を開きました。その翌日、大阪朝日新聞は、会の様子を「金甌無欠の誇りを持った我大日本帝国は今や恐ろしい最後の裁判の日に近づいているのではなかろうか。『白虹日を貫けり』と昔の人が呟いた不吉な兆が黙々として肉叉を動かしている人々の頭に雷のように響く……」と描写しました。

「白虹日を貫けり」とは古事成語で、兵乱や皇帝にとっての凶事を示唆する言葉です。この表現自体は、記者が記事を盛り上げるために深い意味もなく使ったもののようですが、政府はこれをやり玉に挙げて、大阪朝日を攻撃し始めます。新聞紙法違反で告訴し、発禁処分より重い廃刊をちらつかせたと言われています。

結局、朝日はこの脅しに屈服します。関係者が次々に辞任し、政府批判のトーンを弱めていったのです。「不偏不党」という方針を掲げたのも、この事件がきっかけでした。

しかし、方針転換を決定付けたのは、不買運動だったと言われています。「白虹日を貫けり」という表現が、天皇に対する不敬だとして、退役軍人らが反朝日のキャンペーンを始めたのです。実際に読者離れが始まったことが、首脳陣の判断に大きな影響を与えたのです。

大正デモクラシー当時の新聞には、リベラルな論調を持ったものが少なくありませんでした。発禁処分を受けながらも政府批判は普通に行われていましたし、民本主義や天皇機関説も知識人の間の常識として、紙面で普通に議論されていたのです。

不買運動による圧力

戦争への賛否についても、議論ができなかったわけではありません。一定の制約はありましたが、人道主義の立場から許されるのかといった疑問や、経済的な側面からの批判も、当時の紙面には載っていたのです。

それが軍部支持一色になり、1930年代に中国大陸での侵略を煽る方向に突き進んでいった背景に、白虹事件で刻み込まれた、読者を失うことへの恐れがあったことは間違いありません。実際、その後も軍部批判をした新聞は、退役軍人団体などから不買運動の圧力を受けたのです。

新聞が軍国主義に走った背景には、そうしたスタンスを強く支持する読者の存在がありました。軍部を支持し、戦争を華々しく伝える新聞ほど、たくさん読まれ部数が伸びたのです。

もちろん、こうした風潮に抗った新聞社も少数ながら存在します。しかし新聞社が民間企業である以上、結局は読者の意向を無視して軍部批判や戦争の悲惨さを訴える記事を載せ続けることは不可能だったのです。

これは何も、新聞の戦争責任を読者に押しつけようというつもりで書いているわけではありません。新聞が戦意高揚に加担した罪は問われるべきです。大本営発表を垂れ流した過去も、反省されるべきであり、新聞記者だった私も、そのことを胸に刻んでいるつもりです。しかし間違いなく、新聞だけでなく、市民や読者の側にも原因はあったのです。

報道の自由を守ることも、健全なジャーナリズムの発展も「プロ」だけによってなされるわけではありません。「賢い消費者」なくして、健全な市場というものは存在しえないからです。政治家のレベルが、その国の国民のレベルを超えられないように、ジャーナリズムの質が改善するかどうかも、私たち市民一人一人にかかっています。そしてその傾向は、ネット時代に入ってますます強まっているのです。

「第四の権力」と言われるように、マスコミが今でも社会に大きな影響力を持っていることは事実です。しかし、ネットの世界では市民との影響力の差はどんどん縮まっています。それどころか、すでに見てきたように、知らず知らずの間に市民もまたジャーナリズムの一翼を担うようになっているのです。こうした状況の変化を認識しない限り、これからのネット時代のジャーナリズムを健全に発展させることは難しいでしょう。

クリック率やSNSの反応の影響力が増大

実際、ネットを手にしたことで高まる市民の力は、報道内容にも影響を与え始めています。一般紙と民放のニュース番組を見比べてみれば、ニュースの取り上げ方や取り上げる分野が大きく違うことがわかるでしょう。簡単に言えば、この違いはテレビが視聴率という目に見える評価にさらされ続けていることに起因しています。

新聞の発行部数は、長期契約が中心の日本においては、記事の内容によってそれほど大きく変動するわけではありません。しかし、テレビの場合は時々刻々と変わる視聴率に縛られているため、視聴者が関心を持ち、他局にチャンネルを変えることなく見続けてくれるようなニュースを中心に取り上げざるを得ません。良くも悪くも、報道に対する読者の反応は、新聞よりテレビの方がずっと気にしているのです。

しかし、こうした傾向は今後、新聞でも強まっていくでしょう。新聞の報道が紙から電子に移行していくことは時代の必然だと思います。どのようなビジネスモデルになるかはまだ明らかになっていませんが、確実に言えることは、テレビの視聴率と同様、記事のクリック率やSNSでの反応が報道姿勢にダイレクトに影響するようになるということです。

そうなると、現在の新聞とテレビの報道スタンスの違いは、ますます縮まっていくでしょう。実際、ネット上で公開されている新聞記事などを一つにまとめて見せるキュレーションメディアでは、芸能ネタが多いなどテレビのニュース番組やワイドショーに近いラインナップを目にします。

これはネットの収益モデルがテレビと同じく広告料を中心としているからでしょう。視聴率が高い番組が評価されるテレビの世界と同様、ネットのニュースサイトでもクリック率が重視され、記事の選択に影響を与えているのです。

こうした現実を踏まえて、市民が情報に対する評価や情報発信の能力、あるいは自分が報道システムの一部に組み込まれているのだという自覚や倫理観を高めていかなければならないのではないでしょうか。

インターネット時代のジャーナリズムは、文字通り、ジャーナリストと市民がともに築き上げていかなければなりません。単にマスコミ批判をしていれば、ジャーナリズムが良い方向に進むという幻想は捨てたほうがいいでしょう。

ジャーナリストや報道機関の側に、これまで以上のスキルや倫理観が求められることは間違いありません。しかし、それと並行して、私たち市民が自覚を持ってメディアリテラシーを高めていくことこそが、これからの時代のジャーナリズムの発展を左右するのです。

2

ネットの信頼性をめぐる問題

２０１６年は、「フェイク（偽）ニュース」が国際社会を動かした年として記憶されるかもしれません。同時に、社会の姿を土台の部分で規定する経済構造が、メディアに決定的な影響を与えていることが明らかになった年でもありました。

その象徴的な事件が、英国が欧州連合（ＥＵ）からの離脱を決めた6月の国民投票です。このとき、離脱派は同国がＥＵに払っている拠出金が週3億５０００万ポンド（当時の為替レートで約４８０億円）にのぼると強調して勝利を収めました。ＥＵから脱退すればこのお金が浮くので、国民医療サービス（ＮＨＳ）に回そう、というキャンペーンを打ち、人々の心を摑んだのです。

離脱派の街宣バスの側面にも、このスローガンが大きく書かれていました。その写真やメッセージがネットで広く拡散したことが、英国人の選択に大きな影響を与えたことは間違いありません。

もっとも、投票前から3億５０００万ポンドという金額については、不正確だという声がたくさんあがっていました。実際にはＥＵから英国への分配金なども同時になくなるので、財源として考えるのであれば相殺する必要があるからです。残留派や政府機関などは投票前からそうした問題を指摘していましたが、離脱派を率いた英国独立党（ＵＫＩＰ）のファラージ党首らが、自分たちの主張のおかしさを認めたのは勝利が確定した後でした。

嘘すれすれのプロパガンダが横行

この国民投票のもう一つの争点は移民でした。英国には他のＥＵ加盟国からたくさんの労働者が働きにきています。欧州の移民問題と聞くと、シリアをはじめとした中東からの難民を思い浮かべるかもしれませんが、それとは別に、ＥＵ加盟国からもたくさんの人が流れ込んでいるのです。とくにポーランドなど賃金水準が相対的に低い国では、英国やドイツに優秀な若者が職を求めて移動しています。実際、欧州を歩けば、国境が事実上消滅したことで、ＥＵ域内の「グローバル化」が、いかに凄まじいスピードで進んでいるかがわかります。

ロンドンなどの都市部では、そうした労働力の流入が英国経済を支えていると感じている企業や人が多く、大きな問題にはなっていません。しかし、地方では「外国の安い労働者が自分たちの雇用を奪っている」と感じている人が多いと言われます。とくに中間層の人たちにとっては、東欧などから来る、一定の技能と語学力を持った移民は脅威に感じられるでしょう。

もちろん、それに加え、コミュニティーを形成するまでに増えたイスラム教徒との文化摩擦や、テロに対する不安感も高まっています。離脱派はこうした不安を持つ人たちに「EUから抜ければ移民の流入を阻止できる」と呼びかけ、支持を集めたのです。

もっとも、EUから離脱すれば移民が入ってこないという主張も、控えめに言って「言い過ぎ」でした。英国がEU加盟国と従来通りに自由な貿易や投資をするには、新たに協定を結び直す必要があります。その際、EUは人の移動の自由を条件にする可能性が高いので、鎖国に踏み切る覚悟でもない限り、結局は移民を完全に排除することはできないのです。

この点についても、離脱派の政治家たちは投票が終わってからあっさり前言を翻し、人々の怒りを買いました。「離脱」に投票した人の中には「騙された」と感じている人が少なくないため、今後の脱退手続きに影響が出てくる可能性も指摘されています。

ただ、拠出金にしても移民にしても、残留派の人々はもちろん、主要なメディアも投票前から離脱派の主張はおかしいと指摘していました。ところが、少なくとも投票に向けたキャンペーンの中では、無視もしくは軽視され、決定的な力にならなかったのです。むしろ、離脱派が叫ぶ嘘すれすれのプロパガンダがネットメディアやSNSなどで拡散され、正確な事実や正論をかき消してしまいました。

当時、日本の新聞が紹介した英国の論調は、その多くがタイムズ、ガーディアン、フィナンシャルタイムズといった高級紙や、米国の主要紙に掲載されたものでした。それを見る限り、「常識的」な判断をすれば英国民は残留を選ぶだろうと感じたはずです。しかし、階級社会の英国でそうした新聞を読んでいるのは、ほとんどが都市部に住むエリート層で、移民の増加に怯えている人たちではありません。言い換えれば、英国内でもそうした新聞は国民の大多数の気持ちは代弁しておらず、影響力もなかったのです。

事実誤認や差別意識にまみれた米大統領選

同じような現象が起きたのが米国の大統領選挙でした。テレビのリアリティー番組で人気を博していた不動産王のドナルド・トランプ氏が立候補した当初、大統領はおろか共和党の最終候補になることさえ予想していた人はほとんどいませんでした。基本的には泡沫候補扱いだったのです。

そのトランプ氏がヒラリー・クリントン氏を破ったのは、歯に衣着せぬ物言いが、米国民に支持されたからでしょう。ただ、彼が演説会やSNSで繰り出す発言は、事実誤認や差別意識をたくさん含んでおり、しばしば物議を醸しました。

2016年の米大統領選では、ニューヨークタイムズをはじめとするリベラル系の新聞だけでなく、保守系や、これまで大統領選での立場を鮮明にしてこなかった新聞も「ヒラリー支持」や「トランプ批判」に回りました。こうしたメディアの既存勢力から見れば、トランプ氏の下品で不正確で差別意識に満ちた発言は、とうてい許容できるものではなかったのです。

しかし、そうした主流メディアの「トランプ叩き」は、むしろ本人にとっては有利に働いた面があります。トランプ氏は新聞などのメディアへの批判を展開することで、より多くの支持を得ることができたからです。

そもそも、トランプ氏を支持していた人たちの間には、エリート層への抜きがたい不信感がありました。有名私立大学を卒業し、庶民の何十倍、何百倍という所得を得て、政治家にも強い影響力を持っている、いわゆる「上位1%」への反発です。そして既存の新聞やテレビは、基本的にこうした勢力の代弁者と見なされていた面があります。

こうした現象の背景には、主流メディアの職場が、典型的なエリートで占められていることがあります。ジャーナリストは所得からいえば大半が「上位1%」には入りませんが、それでも庶民からすると高い給料をもらっていますし、性差別を避けようと「チェアマン（議長）」を「チェアパーソン」と呼ぶような政治的正しさ（ポリティカルコレクトネス）を追求する点など、政治家や大富豪などと同じ文化を共有しているからです。トランプ氏の支持層に多い、高卒で知識労働者ではない人たちからすれば「同類」や「手先」にしか見えないわけです。

猛威をふるったフェイクニュース

さらに、米大統領選では「フェイクニュース」と呼ばれるデマ記事も結果を左右したと指摘されています。

米国では、フェイスブックに新聞などのニュースが転載されており、人々の間で主要な情報源になっています。この機能は日本のフェイスブックと仕様などが異なりますが、ピュー・リサーチセンターの調査によると、米国では44％がフェイスブック経由でニュースを読んでいるといいます。

ここに、新興のネットメディアの流すニュースも表示され、フェイスブックのユーザーにシェアされていきます。日本で言えばヤフーニュースとツイッターが合体したようなイメージでしょうか。

問題になったのは、事実に基づかないデマや、誹謗中傷の類も掲載されて広がったことでした。「ローマ法王がトランプ氏を支持した」といった、常識からすればおよそありえない内容なのですが、トランプ支持者の間では検証されることなく共有されていったのです。ついには、「ワシントンのピザ店が児童買春の拠点になっており、それにヒラリー氏らが関わっている」といった捏造記事を信じた男が、その店で発砲するという事件まで起きてしまいました。

米国のネットメディア、バズフィードの調べによると、選挙戦の前半ではフェイスブックに掲載された主な記事のうち、獲得したエンゲージメント（シェアなどの数）は主要メディア発がフェイクニュースを上回っていました。しかし、8月から投票日までをみると、フェイクニュースが逆転してしまったのです。

バズフィードは、こうした報道機関を装ったデマサイトが、広告目当ての若者たちによって作られている事実も明らかにしています。なかには、ギリシャの隣国、マケドニアの大学生らが大量の偽ニュースサイトを立ち上げ、荒稼ぎをした例もあったといいます。

記事によると、トランプ支持者はヒラリー陣営に比べ、どんな怪しげな嘘ニュースでも飛びついて拡散する傾向があったため、狙い撃ちされたようです。言い換えれば、虚偽のニュースを流していた人たちには、政治を左右したいといった思想的な背景はなく、純粋にビジネスとして関わっていたわけです。

こうしたデマの拡散に結果として加担したという批判は、フェイスブックにも向けられました。最高経営責任者（CEO）のマーク・ザッカーバーグ氏は、同サービスは単なるプラットフォームであり、責任はないと反論していましたが、12月にはついに対策を発表しました。ユーザーが怪しい記事を通報し、それを第三者機関が検証し、問題があれば警告を表示するという仕組みを導入することにしたのです。

デマや盗用にまみれたまとめサイト

同じ時期に日本でクローズアップされたのが、DeNAが運営する医療・健康サイト「WELQ」の問題でした。

WELQは、医療・健康関連の情報を様々な媒体から集めて提供するキュレーションメディアの一種です。ただ、実際にはフリーライターや一般読者が書いた記事を載せる、投稿サイトのような側面も持っていました。そして、こうした記事に、他のサイトの内容を盗用したものや、科学的な根拠に基づかないものが多数紛れ込んでいたのです。

しかもWELQは、掲載内容については責任を負わないと表明する一方、実際には自ら投稿者を募り、一見しただけでは著作権違反がばれないようリライトする際のマニュアルまで作っていたのです。

運営主体がよく知られた大企業だったことや、人の生命にかかわる健康情報を扱っていたことなどから、著名ブロガーやネットメディアが問題を指摘すると、WELQへの批判は一気に高まりました。結局、DeNAは、同じような体制で運営していた他のサイトも含め、すべてのまとめサイトを閉鎖することになったのです。

業界団体を組織すべき時期に

こうした問題を受けて、ネットメディアは今後どのように変わっていくのでしょうか。

アメリカのフェイクニュース問題や、日本のWELQ問題が浮き彫りにしたのは、デマや不正確な情報を、どのようにしてネットから排除していくかという課題でした。これには、メディア自身、記事を転載する検索サイトやSNSなどのプラットフォーム、そして情報を受け取り拡散する市民の、3つの主体が関係します。すでにフェイスブックが対応策を発表したように、こうした問題については、それぞれの立場から対策が打ち出されていくでしょう。

例えば、報道に携わるネットメディアは、新聞やテレビなどと同じように、業界団体を組織して行動指針をまとめるべき時期が近づいているのかもしれません。

日本新聞協会は既存メディアの既得権益を守る圧力団体という側面もありますが、一方で誤報や人権侵害を防止する自主規制ルールなどをまとめる役割も果たしています。これはネット通販がたどった道でもありますが、社会的な影響が大きくなれば、それに応じた責任を果たすため、業界として対応することが求められる段階が訪れます。一部の業者の不祥事が社会問題になり、業界全体に疑いの目が向けられるときは、そのタイミングだと考えてもよいでしょう。その意味で、WELQ問題や、新興ネットメディアの誤報問題が「ニュース」として市民の関心を集め始めたことは、何らかの具体的な行動を起こすべき時期がきたことを意味しているのではないでしょうか。

情報の信頼性を個別に担保する仕組みも必要になるでしょう。

米国では、フェイクニュースに対抗するため、ファクトチェッカーなどと呼ばれる第三者機関も誕生しています。真偽が怪しい記事を見つけた読者が通報すれば、内容について検証し、間違っていれば市民に警告する仕組みで、フェイスブックが偽情報を排除するために提携したのもこうした団体です。

プラットフォームが担うべき責任

同時に、一連の問題は、「ニュースのプラットフォーム」の責任が増していることも意味しています。

ニュースを取材し報じるメディアに加え、キュレーションメディアやSNS、検索サイトの存在がジャーナリズムの中で演じる役割も、極めて大きくなっています。どの記事が読まれるかは、報道機関と市民の間で橋渡しをするこうしたプラットフォームが左右する傾向が強まっているのです。

米大統領選中のフェイクニュースも、フェイスブックが転載したことにより広範囲に広がりました。WELQの場合はグーグルなどの検索サイトです。日本の場合はヤフーなどのキュレーションサイトの影響も大きいでしょう。

こうした、メディアと市民の中間に位置するサービスが問題のある情報をどのように排除するのかは、大きな課題になります。これまで検索サイトやSNSは、内容の真偽などの判断に踏み込むことに慎重でしたが、これだけ社会的な影響が大きくなれば、少なくともこれまでの方針でいいのか議論し直す必要はあるでしょう。

最後はもちろん、市民自身です。すでに何度か述べたように、SNSの存在を前提とした新しい報道スタイルでは、読者は単なる消費者ではありません。情報の生産者であり、その流通でも決定的な役割を果たしているからです。

ただし、一方的に責任を負わされるのは理不尽でしょう。メディアや教育機関などは、市民がそうした責任に見合った情報リテラシーを身につける手助けをしなければならないと思います。

3
メディアが提供する7つの価値

そもそも、メディアは、市民にどんな価値を提供してきたのでしょうか。極めて素朴で根源的な問いですが、新聞記者でも突き詰めて考えたことがある人は少ないかもしれません。しかし、新聞やテレビの衰退の原因を理解したり、ネットジャーナリズムの将来を予測したりするには、こうした分析が不可欠であるはずです。

例えば、オールドメディアの衰退は、誤報などによる信頼性の低下や、政治的な偏向が原因だと言われます。しかし、本当にそうでしょうか。問題を整理してみると、常識とは違った理由が見えてくるかもしれません。

私は新聞などのメディアが提供する価値には、次の7つがあると考えています。さらに細かく分解することもできるかもしれませんが、ここではこの7つを軸に考えてみましょう。

1　娯楽・暇つぶしの提供
2　共通の話題の提供
3　意思決定に必要な情報の提供

4　多様な意見の紹介・議論の場の提供
5　アジェンダセッティング（議題設定）
6　教養・学習・実用情報の提供
7　歴史の記録

1　娯楽・暇つぶしの提供

まず挙げられるのは、娯楽としての側面です。

テレビは説明するまでもないでしょうし、今でこそ「硬い読み物」というイメージがある新聞も、長らく通勤時間や朝食時などの手頃な暇つぶしとして親しまれてきました。

ここでいう新聞の娯楽性は、連載小説や四コマ漫画があることだけを指しているわけではありません。ニュース記事や論評を読むこと自体も、知的な刺激を得られるという意味では娯楽といえます。新聞が読まれてきた理由の一つ、言い換えると人々が新聞に見出してきた価値の柱の一つがこれだったと言っていいでしょう。

実際、テレビや新聞といったオールドメディアの利用者が減っているのは、明らかにスマホなどの新しい「暇つぶしの道具」が登場したからです。

私は地下鉄の車内を見回して、紙の新聞を読んでいる人がいないことに気づいて愕然とすることがあります。ほんの10年、20年前にはたくさんの人が新聞を広げていたものです。新聞だけでなく、雑誌や本も今よりずっと読まれていました。「活字離れ」と称される現象は、この「隙間時間」でのシェア争いで、スマホが大勝利を収めたことで起きたと考えていいでしょう。

硬派なジャーナリズム論では脇に追いやられがちですが、メディアの「暇つぶしの道具」としての価値が、報道の独立性を支えてきたことは、もっと注目されるべき点だと思います。言い換えると、今後出てくるメディアがどんなものであれ、この価値を持っていない限り、かつての新聞やテレビのような地位を築くことは難しいのだと思います。

米国で創業して日本にも上陸したバズフィードやハフィントンポストなどのネットメディアも、当初は「かわいいネコと芸能人の写真でページビューを稼いでいる」などと揶揄されていました。そうした傾向は今でも残っていますが、一方でオールドメディアができないような硬派な調査報道も手がけ始めています。米ハフィントンポストは、ジャーナリズムの世界で最高の栄誉とされるピューリッツァー賞を受賞しているほどです。ある意味では、大衆に娯楽として支持されるメディアだけが、コストやリスクの大きい「ジャーナリスティックな報道」を手がけられる、という現実があるのです。

2 共通の話題の提供

意外に気づかれていないメディアの役割は、共通の話題の提供です。全盛期の新聞・テレビや、現在のキュレーションサイトは、情報収集ツールである前に、コミュニケーションツールとしての側面を持っているのです。

なぜ多くの人が新聞を読んできたかという答えの一つは「多くの人が読んできたから」だといってもいいでしょう。トートロジー（循環論法）のように聞こえるかもしれませんが、まぎれもない事実です。

これは、今でも日経新聞がビジネスパーソンの間で広く読まれている理由を考えるとよくわかります。

「今日の日経に、〜についての記事が出ていたね」といった会話は、多くの職場で潤滑油の役割を果たしています。ここで、「そうですね」と相槌を打てなければこの会話に参加することはできません。話の輪に加わりたければ日経を読んでいる必要があるわけです。

みんなが日経の記事について話しているとき、会話に加われなければ、コミュニケーションに支障をきたします。相手が取引先ならビジネスでも不利になる可能性があります。ビジネスパーソンの間にそういった恐怖心があるから、日経は読まれているという側面があるのです。

これはテレビも同じでしょう。実は私が子供だったころ、実家にテレビがありませんでした。

こうした家庭は最近、徐々に増えてきましたが、当時は極めて珍しく、ほとんど「珍獣」扱いされたものです。

今はどうかわかりませんが、当時の子供社会では、テレビを見ていないと仲間との会話にはほとんどついていけませんでした。朝、通学路や学校で顔を合わせてまず話題になるのは、前夜に見たテレビの内容だったからです。

私はみんながテレビを見ている時間には、本を読んだりモノを作ったりして遊んでいたので、「暇つぶし」に困ることはありませんでした。しかし例えば、当時流行っていた「機動戦士ガンダム」についてみんなが語っているのに、まったく会話に参加できないというのは、けっこう辛かったのを覚えています。

結局、あるメディアが圧倒的な影響力を持てるかどうかは、日経を読んでいないビジネスパーソンや、小学生のころの私が感じたような「疎外感への恐怖」が社会に存在するかどうかにかかっているのではないでしょうか。仮に、ヤフーニュースの「トピックス」を毎朝チェックしていないと、仲間たちとの輪に入っていけないという時代が来れば、ヤフーは全盛期の新聞・テレビの地位を得ることができるはずです。

3　意思決定に必要な情報の提供

ニュースや解説記事には、「意思決定をするための判断材料」という側面があります。先に述べたように、実際にはニュースも娯楽として消費されることが多いのですが、それは価値の一面に過ぎません。

私たちは生きていく上で、日々、様々なことを決めています。選挙でどの政党に投票するのか、といった政治的な判断もその一つです。もっと身近なところでは、「今日の夕食の献立を何にするか」とか、「ボーナスで何を買うか」といった問題もあります。

こうした判断を正しく下すには、前提として正確な情報や解釈を知る必要があるでしょう。例えば、ある人が憲法改正についてのスタンスを重視して投票する政党を選ぶ場合、最低でも各政党が改憲派か護憲派かを知っておく必要があります。あるいは、ボーナスでパソコンを買い換えようとしている人にとって、最新の機種にどんな機能があって、使い勝手がどうなのかといった情報は、お店に行く前に仕入れておきたいものでしょう。こうした情報を提供しているからこそ、メディアは人々に必要とされるのです。

伝統的なジャーナリズム論では、新聞の役割の筆頭に挙げられるのは「真実の追求」や「権力の監視」です。この考え方の背後には、民主主義の運営にあたっては、市民が権力の行動について正しい情報を持つことが不可欠だという理解があります。つまりこうしたメディアの役割も、突き詰めると「意思決定に必要な情報の提供」であるということができるでしょう。

こうした役割の中には、単純にファクトを報じるというだけでなく、世の中で起きていることを「解釈」してみせるという役割も含まれます。ある種のニュースは、一般の人が気づきにくい角度から光を当てられることで、初めて本質的な意味がわかります。こうした「解釈」を提供すること、複雑な事象を誰でもわかるように嚙み砕いて伝えることも、メディアの役割だといえるでしょう。

4 多様な意見の紹介・議論の場の提供

民主主義社会でメディアが果たしている役割の一つが「議論の場」を提供することです。これは「媒体（メディア）」という言葉からも明らかでしょう。つまり、異なる意見のぶつかり合い、それ自体を見せるという役割です。

民主主義は、多様な意見、思想信条を持った市民が共生することを究極的な目標にしています。しばしば誤解されますが、民主主義は効率的な意思決定、あるいは「正しい」意思決定をするためのシステムでは必ずしもありません。むしろ、手間暇はかかっても、多種多様な考え方を持った人々が同じ国で平和的に共存するための仕組みなのです。

ただし、そのバラバラの個性の集まりである国が、一体的に運用されるには、外交や福祉、財政などの分野では集団として一定の意思統一をする必要があります。民主主義は暴力による強制を否定するので、議論を通じた調整と、それでも無理な場合は多数決による意見の集約が図られます。

この仕組みの前提になっているのは、「人は意見を変える」ということです。例えば自分が相手を説得することで賛同者を増やすこともできるし、逆に、誰かの意見を聞いて、より良いものがあれば自由に意見を変えることができます。これが民主主義のダイナミズムです。最近、誤解が広がっているような気がするのですが、民主主義の本質は、決して「数の論理」ではないのです。

この仕組みの中でメディアが果たすべき役割は、市民に多様な意見を紹介することです。それは、読者が自分の意見を変える機会を提供するだけでなく、意見の異なる人を説得する方法を考える材料を提供するという意味もあります。

説得にせよ、意見の転換にせよ、自分とは異なる意見を持った人が、なぜそう考えているのかを知ることが不可欠です。相手の立場や、結論の前提を知ることで、説得の糸口が見えてくるものだからです。

メディアは純粋に「中立公正」であることはできません。ある人にとっては「中立公正」であっても、異なる意見を持つ人から見れば必ず「偏向報道」になるからです。それは程度の差はあれ、報道が避けては通れない宿命です。

ただし、なるべく多様な意見、とりわけその報道機関とは意見が異なる人々、団体の主張を幅広く紹介すべきだとは言えるでしょう。それは「公平であるため」というより、「敵の考えを知る」ことが、説得の論理を前提とする民主主義では決定的に重要だからです。いわば読者サービスなのです。

最近、新聞やテレビが面白くなくなったと言われるのも、実は多様な意見が紹介されていないからではないかと思うことがあります。新聞社やテレビ局は、この数十年間だけでもかなり企業組織として成熟化が進みました。わかりやすく言えば組織や制度が整備され、官僚化が進んだのです。

これは、報道の内容にも影響を与えたと思います。例えば新聞社は以前に比べ「社論」を意識するようになりました。紙面で紹介する事実や意見は、なるべく社論と矛盾がないものを選ぶようになったのです。こうすると、論調の一貫性、統一性は保てますが、面白みは消えていきます。紙面に発見や意外性がないので、刺激を感じないのです。

その点、ネットはまだ未成熟な分、アナーキーで刺激的です。洗練されていませんが、むしろ「粗さ」こそが魅力になっているのだと思います。

5　アジェンダセッティング（議題設定）

「マス」コミが文字通り多数のユーザーを抱えているがゆえにできるのが、アジェンダセッティング（議題設定）です。社会は常に、数え切れない課題を抱えています。そのなかでもとりわけ重要なもの、とくに放っておくと誰も気づかない課題について指摘し、世間に注意を促すことがメディアの役割です。これをアジェンダセッティングといいます。

さらに、そうした問題意識に基づいて、メディアは世論を動かそうとします。これがキャンペーン報道です。あるテーマについて通常のニュースよりも扱いを大きくし、詳しく報じます。それによって人々が問題意識を共有し、解決に向かって動き出すのです。

現在でも、社会を動かすようなキャンペーンでは、新聞やテレビといった既存のマスコミが主力になるケースがほとんどです。ただ、問題提起という意味では「ネット発」が増えてきました。ブログやSNSに書かれた個人の告発や意見が話題になり、それに既存メディアやネットメディアが乗っかる形で社会が動いていくという新しいパターンが生まれつつあります。

同時に、既存メディアにとっても、市民と問題意識を共有し、関連する情報や意見を集める手段として、ネットはなくてはならないものになりつつあります。既存メディアが存在感を示すには、埋もれている課題を発掘する「調査報道」に力を入れることが、これまで以上に重要になるでしょう。そうした報道を成功させる上で、ブログやSNS、新興のネット専業メディアとの連携は不可欠になっていくはずです。

6　教養・学習・実用情報の提供

社会の中でメディアが果たしている役割で忘れてはならないのが、教養や実用情報の普及です。新聞・テレビ、ネットを問わず、コンテンツの多くの部分は料理のレシピ、金融商品の買い方や法律相談といった実用情報で占められています。同様に、教養を高めることを目的とした歴史や絵画の解説なども、目立ちます。

日本の近代以降の歴史を考えるとき、新聞をはじめとしたメディアが大衆の知的レベルの底上げという面で果たした役割は見逃せません。人々は義務教育や高等教育を終えた後にも、新聞を読むことで幅広い教養を身につけ、テレビやラジオによって知識を追加、更新することができたのです。

こうした役割は、メディアがネット中心になっても変わらないでしょう。社会の構造や制度が変化するスピードは、これからも加速していくはずです。市民がキャッチアップするには、公的な情報提供とは別に、それをわかりやすい形に加工し、広める存在が不可欠なのです。

また、メディアのこうした機能は、一つの国が統一感を持って運営される上でも重要です。明治期の新聞の役割は、文明開化の旗振り役や、政府広報の代行にとどまりません。「新しい日本語」の開発や普及という面でも、決定的な役割を果たしたのです。

私たちが普段、書いたり読んだりしている日本語は、江戸時代から自然に引き継いだものではありません。明治期以降に「開発」されたものなのです。

そのころ、新聞という新しい媒体が登場し、ニュースを簡潔に伝えたり、連載小説を載せたりするため、文体上の様々な実験が始まりました。庶民にも読んでわかるように、漢文調だった記事は、口語を取り入れた新しい文語体に変わっていきます。夏目漱石の代表作の多くが、朝日新聞向けの連載だったことは思い出す必要があるでしょう。ワンフレーズで意味を伝える広告や見出しの語法も、このころ広がっていきます。

現在でも、私たちが何気なく使っている言葉のかなりの部分は、メディアが作り、広めたものです。言い換えれば、メディアの世界で構造変化が起きれば、それに伴って言葉も変わっていきます。

普及から百年が経ち、成熟の頂点に達した新聞というメディアに身を置いた経験から言えば、現在の新聞の現場で、そうした新しい文化や言葉を生み出しているという意識は皆無でした。おそらくそういった役割は、これからネットメディアが果たしていくのでしょう。

7 歴史の記録

新聞記事はよく「歴史の秒針」だと言われます。ただ、一般の読者がそれを意識することは、あまりないでしょう。古いスクラップを読み返したり、記念に保存されていた自分が生まれた日の新聞を両親から見せられたりして、新聞が時代の雰囲気を保存する媒体であることに気づく程度です。

しかし、歴史を振り返る必要のある研究者や作家にとっては、新聞は今でも価値のある媒体です。

もちろん、「50年前の◎月◎日に何があったのか」といった事実をピンポイントで調べるだけなら、ネットで十分でしょう。しかし、新聞の面白さは、その当時の雰囲気まで一緒に知ることができる点にあります。

恐竜の化石を発掘する考古学者は、化石それ自体だけでなく、それが埋もれている地層にも注目するものです。土の成分や、同じ地層に埋もれている別の生物の化石を見れば、その恐竜が生きていた環境や、食物など生活までもが見えてくるからです。

過去の新聞もこれと同じです。例えば「60年安保反対の国会デモ」について調べる方法は無数にあります。今ならウィキペディアを調べれば概要は書かれていますし、ユーチューブを検索すれば当時のデモの様子を動画で見ることもできるでしょう。

それだけを見ると、「当時は世相が騒然としていて、革命前夜のようだった」という印象を受けます。確かに、国会前に詰めかけた人々の航空写真などを見れば、それが最近の反原発や反安保法制を訴えるデモとは桁違いの規模だったことは確かでしょう。

しかし、縮刷版などで当時の新聞紙面を見ると、デモとはまったく関係のない、人々の日常を伝える記事もたくさん出ています。当然のことながら、「東京の学生たちの騒ぎ」としてデモを遠くから見ていただけの人もたくさんいたわけです。

当時の紙面を眺めていると、世相も具体的に見えてきます。例えば広告を見れば、日本が大量消費社会に突入する前夜の状態だったことがわかります。それは10年後の70年安保のころの紙面と見比べると、いっそうはっきりします。「日本の高度成長は、岸信介首相が60年安保による混乱の責任をとって辞任し、後を継いだ池田勇人政権のもとで成し遂げられた」という単なる知識が、具体的なイメージを伴って浮かび上がってくるのです。

もちろん、一般の人がこうした使い方をするケースは少ないでしょう。しかし、新聞が電子化されれば、もっと一般的になるかもしれません。

今は、古い新聞を読もうと思えば、図書館に出かけて縮刷版をめくったり、マイクロフィルムと格闘したりしなければなりません。しかし、すでに紙面を画像として保存するプロジェクトはあちこちで始まっています。10年以内には、情報端末で手軽に過去の紙面を確認することができるようになるでしょう。

「あの事件が起きた20年前はどんな時代だったんだろう」と思った時、当時の紙面を端末上でパラパラと眺めて理解する、といった使い方が一般的になっているかもしれないのです。

紙媒体が衰退していく中で、今後はネットメディアも、こうした社会の記録係としての役割を果たしていくべきでしょう。現在、ネット上の情報はどんどん上書きされ、消えていきます。歴史が浅いこともありますが、「10年前の特定の日のネットに、どんな情報が出ていたか」を遡って調べることは困難です。しかし、長い目で見れば、何十年か後に、そうした情報は必ず必要になるでしょう。紙媒体の消滅を見据えれば、どういう仕組みを作れば、それが可能になるのかを真剣に議論すべき時期がきているような気がします。

4
メディアと世論

ネットの普及は、メディアと世論の関係も大きく変えました。

もともと両者の間には、メディアが世論を作り、世論がメディアを動かすという相互関係がありました。しかし近代的なマスメディアが誕生して以降は「メディアから世論」という流れの方が、圧倒的に強かったと言っていいでしょう。

しかし、一般の人々がネットで情報を発信できるようになったことで、こうした構図も変わりつつあります。ネット上で続々と登場している新興メディアや、ネットに活動の場を移しつつある既存メディアの双方にとって、世論から受ける影響はかつてないほど大きくなっているのです。

そもそもメディアと世論にはどのような関係があり、それはインターネットの普及によってどのように変わろうとしているのでしょうか。あえてネット社会の誕生前夜まで時間を遡り、1993年3月26日付の米ニューヨークタイムズに掲載された、「ハゲワシと少女」として知られる写真を材料に考えてみたいと思います。

「ハゲワシと少女」が投げかけた問題

乾いた荒れ地にうずくまる、やせ細った幼女。背後には、獲物を狙うかのようなハゲワシがたたずみ、不気味な視線を向けています。この衝撃的な写真は、アフリカの内戦と飢餓の実態を世界に伝えたとして賞賛を浴び、1994年のピューリッツァー賞を受賞しました。しかし同時に、報道倫理をめぐる論争も巻き起こし、ジャーナリズム史に刻まれることになりました。

ニューヨークタイムズをはじめ、写真を掲載したメディアには、「カメラマンは写真を撮る前に、ハゲワシを追い払うべきだったのではないか」「なぜ、少女を助け起こし、村まで運ばなかったのか」といった批判や疑問が寄せられました。今この写真を見ても、そう感じた人は少なくないのではないでしょうか。

撮影地は1993年のアフリカ、スーダンです。スーダンという地名は、最近テレビや新聞などのニュースで頻繁に目にするようになりました。自衛隊が南スーダンで国連平和維持活動（PKO）に参加しており、実質的な武力行使につながる可能性がある「駆けつけ警護」という任務を付与するかどうかをめぐって議論になったからです。

「ハゲワシと少女」が撮影された当時も、スーダンは紛争地でした。イスラム原理主義の政府と、反政府ゲリラによる内戦が続いていたのです。非イスラム教徒の住民が多く反政府ゲリラの拠点だったスーダン南部が、2011年に独立する形で誕生したのが、自衛隊が派遣された

Sygma Premium / Getty Images

南スーダンなのです。

当時、スーダン南部では内戦による食料輸送の途絶と干ばつにより、飢饉が拡大していました。一方で、国際社会の批判を恐れたスーダン政府は南部の取材を制限。このため現地の様子はなかなか外国には伝わらず、国連やNGOの支援は始まっていたものの、国際社会の援助は十分に届いていませんでした。

こうした状況の中で取材を試みたのが、南アフリカで反アパルトヘイト運動を追うカメラマンとして知られていたケビン・カーター氏でした。同氏は仲間と小型機をチャーターし、反政府ゲリラの支配地域に潜入。国連などの食料配給拠点があるアヨド村にたどり着きます。この取材自体が大きなリスクを伴うものであり、彼自身も移動の途中に体調を崩していたようです。

現地でカーター氏が見たのは、飢えや伝染病で子供が毎日バタバタと倒れていく「この世の地獄」でした。

ある日カーター氏は、泣きながら覚束ない足取りで歩く少女を見かけます。彼女はやがて座り込み、その背後にはハゲワシが舞い降りました。

カーター氏は、その光景がスーダンで起きている惨状を象徴していると確信し、ハゲワシを警戒させないよう気をつけながら写真を撮り始めます。NHKの取材に対し、カーター氏は心の中で、より印象的な写真になるようハゲワシが翼を広げることを願ったことを告白しています。

撮影を終えると、彼はハゲワシを追い払ったと証言しています。少女は再び歩き始めましたが、食料配給拠点にたどり着けたかどうかはわからないと言います。

フォトジャーナリストとして決定的な瞬間を撮ったという実感はあったものの、彼自身も目の前で繰り広げられた光景には大きな衝撃を受けたようです。彼は様々なメディアの取材に、写真を撮ったあと近くの木の下に座りこみ、しばらく泣き続けたと明かしています。

カーター氏は、ピューリッツァー賞の受賞から3ヵ月後、自殺します。もともと同氏は精神的に不安定だったようで、原因が写真への批判だけだったのかはわかりません。ただ、自分に寄せられた多くの批判が重圧になっていたことは確かでしょう。

余談ですが、カーター氏の葬儀では、日本の小学生約20人から届いた作文が英訳され、読みあげられました。その中には「悲しい事、つらい事も、写真を思い出して乗り越えたい」「給食も好き嫌いなく食べようと思う」といった声もあったということです（『読売新聞』1994年8月3日朝刊［編集手帳］）。

ジャーナリストと市民の感覚の差

カーター氏に向けられた批判の多くは「写真を撮る前に『人間として』すべきことがあるだろう」というものです。ただ、現場がそうした平時の常識が通用しないほど荒んだ状況だったということは、強調しておいたほうがいいでしょう。

例えばカーター氏へのインタビューを掲載した朝日新聞によると、村に派遣されていた「国境なき医師団」の女性医師は、同氏に次のように語ったといいます。

「飢えと病気で倒れた子どもは、もはや治療の限界を超えている。ほとんどは脳に障害を起こし、助からない。次の世代を生み出せる大人の医療に重点を置かざるを得ない」（『朝日新聞』1994年5月3日朝刊）

子供は真っ先に助けられる存在だというのが一般的な考え方でしょう。しかし、医師でさえこうした究極の選択をせざるを得ないほど、厳しい現実があったということも事実なのです。

こうした事情を脇に置くとしても、カーター氏の行動は「ジャーナリズム業界の常識」からすれば、当然の仕事をしただけだという評価になります。「ジャーナリストがいつも市民モラルを求められるなら、新聞協会賞やピューリッツアー賞の相当部分は取り消されるべきだということになりかねない」（『ジャーナリズムの思想』原寿雄、岩波書店）というわけです。

カーター氏の死を伝える毎日新聞の記事でも、報道写真家の三留理男《ただお》氏が「深刻な飢餓を知らせるのが、彼の使命だった」とコメントしています。ノンフィクション作家の吉岡忍氏も、「どんな残酷なシーンでも、情緒的感情を抑えて見るのがジャーナリストだ」と述べています（『毎日新聞』1994年8月6日朝刊）。

米国では、大学などに所属するメディア研究者からも擁護の声が上がりました。「そこにはたくさんの援助関係者がいた。だが、彼に代わってジャーナリストの役割を果たせる人は誰もいなかった」「ジャーナリストは現実に手を加えてはならない。命を救う事は彼の仕事では無い。それどころか、子供が死んで、その肉をハゲワシがついばむとしたらそれを見届けるべきである」といった声まであったといいます。プロの側の意見は一般市民の感覚とは少し異なっていたのです。

もちろん、カーター氏の行動が「正しい行為」だったのかについては、簡単に結論は出せません。仮に理屈では理解できても、感情的には割り切れないという人も多いでしょう。

プロとしてシャッターチャンスを追い求める気持ちや、無関心な世界を振り向かせるために惨状をなんとしてでも伝えたいという使命感。一方で、目の前で幼い子供が死に直面しているという事実。こうした葛藤が最終的にどんな行動に結びつくのかは、その場に立っていなければわからないところがあります。

ジャーナリストであれば、ここまで極端なケースではないにせよ、「冷徹な記録者として行動するか、一市民としての常識に従うか」という葛藤に悩むことはしばしばあります。私自身の経験から言っても、対応の仕方はケースバイケースで、すっきりした答えは出せないことが多いものです。

ジャーナリズムと世論の3つの関係

いずれにせよ、この写真を取り上げたのは、ジャーナリズムと世論の関係について考えてみたいからです。ジャーナリズムと世論には主に3つの関係があると言っていいでしょう。

1　ジャーナリズムが世論を広める
2　ジャーナリズムが世論を動かす
3　ジャーナリズムが世論に動かされる

少女の写真のケースで考えてみましょう。カーター氏は取材の中で、飢餓に苦しむ人々や、それを救おうと危険を冒して活動する国連やNGOの活動家の声をたくさん聞いたはずです。

もしかすると、「我々の声を世界に届けてくれ」と直接頼んだ人もいたかもしれません。カーター氏はそうしたスーダン南部の「世論」を拡散できる数少ない存在の一人だったのです。このように、「世論を広める」ことはジャーナリストの重要な仕事の一つです。

同時に彼自身やニューヨークタイムズの担当デスクも、ジャーナリストとして写真を発表することで、「スーダンを救え」という運動を盛り上げようとしたと考えられます。これはメディアやジャーナリズムが「世論を動かす」という側面です。

カーター氏がハゲワシをすぐに追い払わず、少女と並んだショットを撮ったのは、その方がより衝撃的だったからです。言い換えれば、より多くの人の感情を揺さぶり、行動を促したかったからでしょう。彼はアパルトヘイトの現実を世界に伝える活動の中で、どんな写真が人々の心を動かせるかを熟知していたはずです。そして、少なくともこの点については実際に大成功したのです。

この写真にハゲワシが写っていなければ、スーダンの現状がこれほど広く世界に知られることがなかったに違いありません。そもそも、米紙が彼の写真を採用しなかった可能性さえあります。そして、日本が現在、遠く離れた南スーダンに自衛隊を派遣しているのも、カーター氏らが火をつけた世界的な世論の流れの延長線上にあると言っても言い過ぎではないはずです。

しかし、カーター氏は、結果として人々から非難を浴びました。掲載紙も、この写真を載せたことに対して釈明しなければなりませんでした。それを擁護したジャーナリストや、ジャーナリズム研究者もまた、人々から非難されたり、不信感を持たれたりしました。

この写真を巡る騒動が報道の世界に与えた影響は、簡単に断じることはできません。しかし、この後、同じような場面に立たされたジャーナリストが、写真を撮ることをためらったり、撮った写真を公表することを断念したりしたケースは、おそらく少なくないでしょう。その意味ではジャーナリズム自体が「世論に動かされた」という側面が強い事件でもあったのです。「ハゲワシと少女」は、メディアと世論の3つの関係の、象徴的な事例だったと言っていいでしょう。

弱まるマスメディアの「世論を動かす力」

そもそも世論とはなんでしょうか。

とりあえずは、「公共的な事柄について、社会の中で多数の人に共有されている意見」と定義しておきましょう。世論は社会を動かす原動力になります。カーター氏の写真のケースでも、現地の人々の悲惨な状況が知られたことで「スーダンを救え」という大きな世論が生まれました。そしてそれは現実にスーダンの状況を変えていったわけです。

こうした世論とジャーナリズムの関係は、ネットの普及により変化したのでしょうか。

ネットの普及により、ジャーナリストやマスメディアによる情報の独占は崩れつつあります。かつてはジャーナリストでなければアクセスできなかった情報に、一般の人がアクセスできるようになりました。例えばプレスリリースが紙で配られていたころは、役所の発表事項は記者クラブにだけ配布され、それを一般の人がリアルタイムで入手することはできませんでした。メディアのフィルターを通して発表内容を知るしかなかったのです。

しかし現在では、プレスリリースの多くは、配布と同時にインターネットで公開されます。一般の人は記者とほぼ同じタイミングで、その情報を入手できるのです。裏返せば、役所や企業は自分の意見を社会に広めるのに、ジャーナリストを必要としなくなりつつあるわけです。SNSやブログのように「自前のメディア」を簡単に持てるようになると、この流れは加速しました。一般市民でもメッセージを何万という人々に一瞬で届けることができるのです。

こうした変化もあり、新聞の部数は落ち、テレビの視聴者はじわじわと減っています。マスメディアが世論を動かす力を持つのは、情報を文字通り「マス」に伝えることができるからです。利用者が減っていけば、その影響力が弱まることは避けようがありません。

要するに、ジャーナリストの「世論を広める」「世論を動かす」という力は、弱まっているのです。

世論がメディアに与える影響力は強まる

一方で、「メディアが世論に動かされる」という側面は強まっています。

情報の受け手である市民が、ジャーナリストやメディアに対して発言する機会は増えています。ネットでは、一般市民によって誤報が指摘されたり、報道に対する批判が爆発的に拡散したりするケースが珍しくなくなりました。

市民からジャーナリストやメディアへの、SNSなどを通じた直接的な働きかけが強まったことも見逃せません。新聞社やテレビに文句を言う人は昔から存在しましたが、手紙や電話で声を届けるのは面倒でコストもかかるため、それほど数は多くありませんでした。しかし、メールなどで簡単に情報を届けられる今は、直接メディアに意見を言ったり、抗議したりすることも簡単になっています。

メディアの評価が可視化されたことによる間接的な影響も考える必要があるでしょう。ネットの世界では、アクセス数やSNSによる拡散の状況を数値として把握できます。反響が大きい記事はたくさんのアクセス数を稼ぎます。逆に批判を浴びた記事はSNSの拡散状況を見れば、どれほど反発を招いたかが数字の形でわかるのです。

もともと民放のテレビ番組は視聴率という形で同様な評価にさらされていましたが、新聞などのメディアは、読者の反応をリアルタイムで意識することはありませんでした。しかしインターネット上に情報を流すようになると、新聞や雑誌も民放と同じように、読者のクリック数やSNSの反応に縛られるようになってきました。こうした意味でも世論がメディアに対して与える影響は、ネットによって大幅に強まったといっていいでしょう。

可能性と危険性の両面あり

こうした変化には、功罪両面があります。

いい面に目を向ければ、報道が世論のチェックを受けることで信頼性が高まっていくメリットを挙げられるでしょう。実際、市民の指摘を受けて、誤報が訂正されるケースはネット時代になって大幅に増えました。リアルタイムで読者の反応を見られるようになったことで、記事をより読者から支持されるように変えていく努力も進むかもしれません。

メディア側が世論を報道に反映する手段も増えました。電話や手紙で意見を受け付けていた時代に比べ、市民からの情報提供が格段にしやすくなっています。利用者と直接、意見交換をすることも簡単になります。報道と市民の間の距離が縮まっていく可能性もあるのです。

一方で危険性がないわけでもありません。報道の影響力が低下することにより、プロフェッショナルによる権力の監視機能が低下するリスクはあるでしょう。もちろんネット時代には報道機関に頼らず、市民自身がそうしたことができるようになるという見方もあります。しかし、これまでそうした役割を引き受けてきた勢力が弱体化することが、リスクであることは間違いないでしょう。

市民からの批判を恐れ、報道が大衆迎合的な傾向を持つ危険性もあります。ネットがない時代も、新聞に比べて民放のニュース番組は大衆迎合的な色彩があると指摘されていました。これは新聞の発行部数が宅配制度のもとで安定しているのに対して、民放は広告収入が経営の柱であり、刻々と変わる視聴率を気にせざるを得なかったからです。

数字が取れないニュースは敬遠される、という話は、私も現役時代にテレビ局の記者からよく聞いたものです。私は金融担当が長かったので同じ記者クラブにいる金融担当のテレビ記者と話す機会がよくありました。日経新聞では金融ニュースはよく読まれ重要なコンテンツとされています。しかし民放ではニュース番組で金融ネタになると、視聴率が目に見えて下がるそうです。

このため、金融担当記者は新聞の記者に比べると肩身が狭そうでした。しかし、民放が視聴率に左右されているのと同じように、新聞の報道姿勢がクリック率に影響される時代が来つつあります。読者がどういったニュースを好むのかが、報道する側のネタの選択にも大きな影響を与えていくことは間違いないでしょう。

メディアと市民の双方に課題が

こうした変化を考えた時に見えてくるのは、メディアと市民の双方に課題があるということです。ネット時代を迎えたメディアが変化を迫られていることは間違いありません。市民からの圧力や監視が強まることで、これまでも批判を受けてきた望ましくない慣行や制度は改めざるを得なくなるでしょう。自らを律し、無用な不信を招かないようにする努力は今のマスメディアに十分だとは言えません。

同時に、ジャーナリズムの社会的な使命や役割について、丁寧に説明していく必要もあるでしょう。「ハゲワシと少女」の写真は大きな反発を招きましたが、国際社会を動かす大きな力になったことは、まぎれもない事実です。たとえ世間の大半から批判を浴びたとしても、事なかれ主義で自粛するのではなく、なぜそういう報道をしなければならないのか、自分たちの考えを恐れず伝えていく必要があるでしょう。

一方、そうした報道を受け止める市民の側にも課題があります。これまでメディアと市民の間には大きな溝がありました。情報が一方通行だったからです。しかし、両者の関係が双方向に変わったことで、建前や理想論ではなく、ジャーナリズムが「市民のもの」である時代が来つつあります。

自分たちの行動もまた、メディアを動かしているという自覚を持ち、すべてのメディアを頭から否定するのではなく、良い報道は支持し、悪いものは正していくという是々非々の態度が求められるでしょう。

「ハゲワシと少女」が発表されたのは、インターネットが爆発的に普及する直前のことでした。その数年後には先進国はネット社会に突入。やがてスマホやSNSが普及します。

私は、もしあの写真が撮られたのが「今」だったら、カーター氏やニューヨークタイムズのデスクはどんな判断を下しただろうかと考えずにはおれません。今なら情報が拡散される規模は、文字通りグローバルであり、一瞬にして当時とは桁違いの人が問題の写真を目にしたでしょう。そして非難の圧力もまた、20年前の比ではないはずです。

同時に、カーター氏と同じ葛藤の中に身を置く市民も増えていくのだろうと思います。国連やNGOの職員も、今ではカメラ付きのスマホを持って現場に行くでしょう。目の前に少女とハゲワシがいたとき、ハゲワシを追い払ってから写真を撮るのと、撮ってから追い払うのでは、画像をSNSにアップした時の反応は天と地ほども違うはずです。

国際社会からより多くの支援を引き出すチャンスを生かすのか、市民の常識を優先して目の前の一人に手を差し伸べるのか、簡単に結論を出すことはできません。しかし、それを一瞬で判断しなければならないのです。この意味では、ジャーナリズムの抱える葛藤や課題を市民も引き受けなければならない時代が来ているのです。

2章
ネット情報を利用する前に

5
「ワンストップ」の落とし穴

おそらく読者の中には、物心ついたころには、すでにインターネットが普及していたという世代の方も多いでしょう。

私自身は現在40代で、いわばネット第一世代です。高校生、大学生として過ごしたのは１９９０年代ですが、パソコン通信やインターネットが一般の家庭に入ってきたのも、だいたいこの時期でした。

大学生だった１９９５年には、ウィンドウズ95が発売され、インターネットが一気に普及しました。裏返して言えば、それまで日本ではネットを使っていた人は少数派だったのです。

ネット時代に入るまで、メディアには目に見える「違い」と、ある種の「序列」が存在していました。例えばそのころ主流だった紙メディアの場合、制作方法には「手書き」「ガリ版」「活字」という明確な違いがあったのです。

ピンとこない世代も多いと思うので説明しておきましょう。私が小学生のころまでは、普通の人が日記をつけたり、文章を作成したりするときは基本的に全て手書きでした。パソコンやワープロは、一般家庭にはほとんどなかったからです。例えば日記、ハガキの宛名書き、手紙などは全て手書きだったわけです。

では、学校で配布するプリントはどうやって作られていたのでしょうか。例えば私が小学校低学年のころ、学校の教材や試験のプリントは、ガリ版とか謄写版と呼ばれる印刷機で作られていました。

手書き、ガリ版、活字

若い人はガリ版と聞いてもピンとこないかもしれません。印刷物を作る手順はこんな感じです。まず、ロウを表面に塗った半透明の紙を金属板の上に載せ、尖った鉄のペンでガリガリと文字を書いて原本を作ります。この時の音がガリ版という言葉の語源です。この原本の下に紙を敷き、上からローラーでインクを塗ると、鉄筆でロウが削られた部分だけインクが浸透し、紙に線が印刷できるわけです。

私の母親は教師だったので、教材のプリントなどを作るとき、自宅でこのガリ版を使っていました。子供のころ、それを見て、とても憧れたのを覚えています。ガリを切るという行為には、どこか「公的」で「特別」な香りがしたのです。

いずれにせよ、そうして印刷された書類の文字は、全て「手書き」でした。ちなみに、当時は「青焼き」などと呼ばれる複写機はありましたが、現在コンビニにあるようなコピー機は存在しません。何十枚、何百枚という印刷物を作ろうとすれば、基本的にはガリ版に頼るしかなかったのです。

私が小学校の高学年くらいになると、ガリを切らなくても原本が作れる新しい謄写版が普及していきました。紙にペンで書いたものを原紙に焼き付けて版を作れるようになったのです。ただ、やはり学校で配られるプリントの多くは手書き文字が印刷されていたのです。

当時、印刷メディアにおける最高峰は、やはり活字でした（正確に言えば、すでに金属製の「活字」を箱に並べて版を作るタイプの印刷技術は絶滅寸前で、フィルムに文字や絵を焼き付けるオフセット印刷が主流になっていました）。新聞や本などの活字メディアは今とほとんど同じ姿でしたが、当時は今よりずっと貴重なものでした。いわばプロだけが作れるメディアだったのです。

個人も組織も同じプラットフォームに

手書き、ガリ版、活字は、一目見ただけで、違いがはっきりわかります。手書きの文書は個人がプライベートな用途でつくったものだし、学校のような公的な機関がつくる文書はガリ版や謄写版で印刷されています。活字を使った印刷物を出版することができたのは、出版社や新聞社といった、いわゆるマスメディアだけでした。

ところがそうした違いは、コンピューターの普及にともない、様変わりしていきます。まず

1980年代後半からパソコンやワープロ専用機が、一般の家庭にも少しずつ入ってきました。すると、それまで手書きだった文書が、あたかも活字で印刷したかのようなフォントで作られるようになっていったのです。

謄写版はまだ現役でしたが、学校のプリントの文字は手書きからワープロの活字風フォントに置き換わっていきました。ただし、当時のワープロ文字はまだドットのギザギザが見える粗いもので、活字と見間違えることはありませんでした。

例えば学校の卒業文集や同人誌のような冊子は、80年代から90年代にかけて、活字を使った印刷物にどんどん近づいていきました。つまり個人が作ったもの、公的機関が作った文書、そしてマスコミが作った文書が、形の上では見分けがつきにくくなっていったわけです。

それがさらに劇的に変わっていったのが、1995年以降のネット革命の時期でした。インターネットが普及し始めた当初は、ブログやソーシャルメディアはまだありません。それどころかHTMLというプログラミング言語を知っていなければホームページも書くことができなかったので、個人で情報発信をしている人は、理科系の大学生など専門知識を持っていた人に限られていました。

どんなURLにどんなホームページがあるのかといった情報を知るのも、今ほど簡単ではありませんでした。今から思うと冗談のような話ですが、当時は個人や企業のホームページのURLを集めた紙の本が売られていたのです。まだホームページ自体がほとんどない時代でしたから、例えば、アイドルでもない普通の女子大生が、どうでもいい日常を綴った日記のページのようなものでも、大変な人気を博したりしたものです。

このころから、個人や企業、マスメディアといった様々な情報の発信者が、インターネットという同じ空間の中で同居するようになっていきました。それでも当時は、個人が作ったホームページはどこか素人っぽく、企業が作ったものや新聞社などのマスメディアが作ったページとの違いは、一目見れば明らかでした。

しかし2000年代に入ると、この壁もどんどん崩れていきます。ブログ、さらにはソーシャルメディアの登場によって、企業も役所も個人も、同じプラットフォーム上で発信するようになったのです。

そうなってくると、形を見ただけでは発信者の違いはわかりにくくなってきます。かつては文字を見るだけでそれが手書きか活字か、ということはわかりました。しかしインターネットの世界では個人が書いた情報もマスコミが発信した情報も、全て同じプラットフォーム上で、同じフォント、同じフォーマットで発信されます。もちろん署名などを見れば、違いはわかりますが、少なくとも形の上では全く同等なのです。

キュレーションメディア上ではすべてが同列に

インターネットが普及する以前からメディアに接していた世代の人達は、ネット情報であっても、発信者が誰なのかを無意識に区別しています。手書き、ガリ版、活字といった、かつて属性によって分かれていたメディアの違いを、頭の片隅で意識しながら読んでいるのです。

しかし物心ついたときにすでにインターネットに取り巻かれていた、いわゆるデジタルネイティブと呼ばれる世代は、あまりそうした違いを意識しない傾向があります。

これは、ヤフーニュースとか、スマートニュースといった、ネット上の記事を集めて見せるキュレーションメディアでは特に顕著です。こうしたメディアの特徴は、同じプラットフォームの上に、個人が発信しているブログや、マスコミが発信している情報、あるいは企業が自社製品を自ら宣伝する記事までもが、すべて一緒くたに発信されているということです。実際の発信者はヤフーニュースやスマートニュースの運営会社ではなく、個人やマスメディアなのですが、一見しただけではその違いがわかりません。若い人たちの間にはそうした同じプラットフォーム上で読む記事は、全く同列に見えるようです。

例えば、実際には朝日新聞が発信している記事でも、「ヤフーニュースにこう書かれていた」という言い方をします。そして、個人ブログがキュレーションメディアに引用された場合でも、マスコミの記事と、あまり区別せずに読んでいるようです。つまり発信者が朝日新聞であろうが、個人であろうが「同じヤフーニュースの記事」と見えるらしいのです。

しかし言うまでもなく、個人のブログと新聞社の記事は作られ方や、作られた目的が全く違います。当然、情報の信頼性にも大きな違いがあります。

暇つぶしに読むのであれば、どんな人が発信した情報であろうと、面白ければそれでいいのかもしれません。しかし、自分が政治的な意思決定をしたり、何かを考えたりする参考にするために記事を読んでいる場合は、そうした違いというのは大きなものです。違いを意識して読む必要があるわけです

6 活字離れは本当か

ある時期、「若者の活字離れが進んでいる」という説をめぐり、「ネットを含めればそうとも言えないのではないか」という反論が注目を集めました。

一般に「活字離れ」と言うときに想定しているのは新聞や本でしょう。しかし、新聞や書籍などの情報がネットを通じて手に入るようになった今、紙の媒体に親しんでいないからといって「活字離れが進んでいる」と決めつけるのは確かに単純な議論かもしれません。

例えば、紙の新聞は確かに読まれなくなっています。新聞の発行部数は近年、毎年100万部前後減り続けています。こうした現象だけ見れば、新聞離れが進み、それは同時に活字離れの進行を示しているように見えるでしょう。これは書籍についても同じことが言えます。

しかし、朝のラッシュ時に地下鉄の車内を見渡せば、スマホを覗き込んで何かを熱心に読んでいる人たちの姿を見ることができます。もちろん、ゲームに興じている人もいるでしょう。しかし、スマホのアプリを通じて新聞を読んだり本を読んだりしている人もたくさんいるのです。

そう考えれば、確かに活字離れが進んでいると安直に決めつけることはできないかもしれません。

「活字離れ」の「活字」は何を意味していたか

しかし、こうした議論をするときに気をつけておかなければならないこともあります。それは、ここで言う「活字」が何を意味するのかということです。

先に述べたように、ネットがない時代、活字とは「手書き」に対する言葉でした。当時はワープロやプリンタ、コピー機などが普及していなかったので、印刷物でも手書きのものが少なくなかったのです。

しかし現在では、活字と手書きの区別は一見しただけではつきづらくなっています。ワープロの登場以降、まるで活字で組んだかのような印刷物を作ることは個人でも容易になりました。日記や手紙なども、手書きで書く人はますます減っています。そして、そうやって作った文章を複製するのも簡単になりました。パソコンを使えば、まるで出版社が作成したような冊子を個人で作ることもできます。

1990年代半ば以降、インターネットが登場してからは、そうした区別さえもなくなりつつあります。ネット上に掲載されてしまえば個人が書いたものも公的機関が書いたものも、マスコミが流している情報さえも、見た目だけでは区別がつきません。かつてであれば文字の形

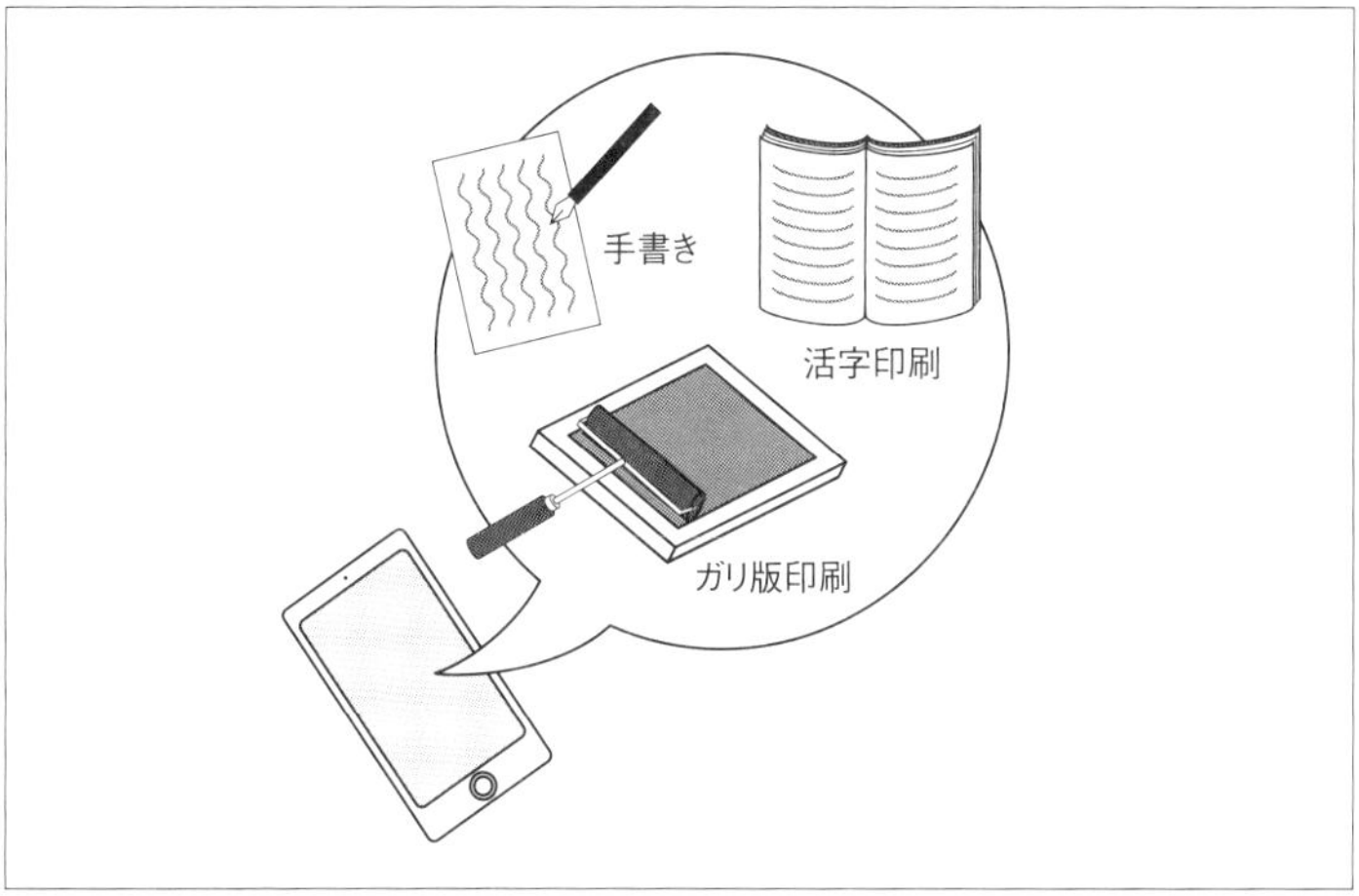

ネット情報は「活字情報」とは限らない

を見ただけで判別できた、情報発信者の種類や、情報の性質などが、見え難くなっているのです。

こうした観点からすると、ネット上の情報をたくさん読んでいるからといって、それが「活字を読んでいる」ということを必ずしも意味しないことがわかるでしょう。私たちがパソコンやスマホ使って読んでいる文章には、かつてであれば「手書き」であったもの、「謄写版刷り」のプリント、「本物の活字による印刷物」などが混在しているのです。「文字離れ」は起きていないとしても、「活字離れ」は、やはり起きているかもしれないのです。

手書きの媒体があふれていた時代を過ごした人であれば、こうした違いには比較的意識的だと思います。しかし物心ついたときには個人でもワープロを使え、文章を簡単にコピーし、インターネットで簡単に流すことができた人たちは、こうした違いに必ずしも敏感ではありません。

例えば、ブログに書かれている文章は、ネット時代以前であれば、活字ではなく日記などと同じように手書きだったでしょう。もちろんSNSの書き込みも同じです。

しかし、見た目が同じになってしまったことで、いわゆるデジタルネイティブと呼ばれる人たちは、手書き情報と活字情報の質的な違いに意識的ではなくなっています。これが、実はメディアリテラシーを考える際に気をつけなければならないポイントなのです。

原典に遡ることが重要

キュレーションメディアに限らず、ネット情報を活用する際に、「おおもとの発信主体が何なのか」を意識することは非常に重要です。これは、ネット情報は引用や転載が容易だからです。

例えば、個人ブログには、しばしば新聞社の記事の一部が引用されています。原文通りにコピペされ、原本のURLが明記されているものもありますが、中には「○○新聞がこう書いていた」と書きながら、実際にはSNSなどで他人が書いていたコメントを読んで、確認もせずに孫引きしているだけというケースも少なくありません。

こうした情報は、伝言ゲームのように引用を繰り返すうちに変質していきます。極端な場合、元の記事に書かれた事実や趣旨と全く違う話になることもあるのです。

さらに、引用が適切だったとしても、それが記事の一部分を抜き出したものであることには注意が必要です。言い換えれば、その情報は引用者によって編集されているのです。

そもそも文章は、前後の文脈から理解されることを前提に書かれています。その一部だけを読んでも、全体のニュアンスが正確に伝わらないケースはよくあるのです。編集者の引用が下手だったり、初めから誤解させる目的で引用箇所を選んだりしている場合、読者は正確な意味を知ることができません。

ですから、「発信元が誰なのか」「原典には何と書かれていたのか」を、源流まで遡って確認することは極めて重要です。

時間つぶしで記事を読んでいるだけなら、それでもいいのですが、意思決定の材料にしたり、その記事をもとに誰かを批判したりするときは、こうした点に気をつけなければ、いつか痛い目に遭うでしょう。

7

ネットは訂正を前提としたメディア

同じネット上で手に入る情報でも、どんな媒体が発信しているのかを意識することが重要だと説明しました。では、媒体によってどのような違いがあるのでしょう。まず、初めからネット向けに作られたコンテンツと、印刷媒体向けに作られたコンテンツの違いについて考えてみましょう。

最も大きな違いの一つは「情報の正確さ」に対する作り手の意識の差です。

新聞にしろ書籍にしろ、紙媒体は印刷した段階で情報が一旦固定されます。それを訂正するには大きな手間とコストがかかります。

例えば本の中に誤字や脱字があった場合、次の版を起こすときに訂正するしかありません。すでに刷ってしまったものについては、販売する際に訂正表を挟み込むとか、ホームページ上で間違いを公表するといった手当てしかできません。内容に重大な誤りや人権侵害につながるような記述があったような場合、書籍自体をすべて回収し、改めて印刷し直すしかないのです。

これは新聞でも同じです。新聞は朝刊も夕刊も、大抵は2～4回に分けて、印刷されています。新しいニュースなどを反映するため、1日に何度も新しい版を作り、内容を更新しているのです。この場合も、最初の版に載せた情報を訂正したり、何かをつけ加えたりするときには、新しい版を起こすときに反映するしかありません。訂正をする際は、翌日の紙面にどこが間違っていたのか、新しいデータや情報は何なのかを載せる必要があります。要するに、印刷物の情報というのは訂正や変更が大変面倒なのです。

ですから、印刷メディアに関わる人達は情報の訂正に大変神経質です。私は新聞記者でしたが、記事に間違いがあって訂正を出すというのは、大変気が重いものでした。当然、何度も訂正記事を出しているような記者は能力を疑われ、最悪の場合は原稿をあまり書けない部署にまわされてしまうケースもありました。ですから、紙媒体に書く人たちは、印刷までの間は懸命に情報を見直し、正確性を追求します。

書いた記事が1時間後にはアップされる

ところが、インターネット上ではそうではありません。いったんネット上に流した記事も、簡単に修正することができるからです。

このことは、私が新聞記者であった時にもよく感じたことです。日経新聞でも、ある時期から新聞記事を自社サイトに並行して流すようになりました。例えば、翌日の朝刊の記事を書くのは前日の夕方以降というのが一般的です。実際に原稿を書いてそれが読者の元に届くまでには半日程度かかることになります。

しかし、ネット配信が始まると、夕方に書いた翌日の朝刊用の記事を、すぐに自社サイトに流すケースが増えました。例えば、午後7時ごろに提出した原稿が、午後8時ごろにはアップされるのです。

こうした記事には、当然のことながら細かい間違いがたくさんまぎれ込みます。一度、じっくり観察してもらえればわかるのですが、新聞社のサイトに夕方アップされた記事は、紙面では考えられないほどの誤字・脱字を含んでいます。また、誤字脱字ほどには気づきにくいものですが、内容にも細かい間違いが含まれていることがあります。それがあまり目立たないのは、よほど大きな間違いでない限りは、その場でどんどん上書き、修正されていくからです。

インターネットに情報を流していない時代には、こうした「バグ」の検証と修正は、メディアのバックヤードだけでおこなわれていたものです。新聞社の中でチェックを繰り返し、間違いを減らしていくという作業は、読者の目に触れることはありませんでした。しかしインターネットに流れている新聞記事の多くは、こうした修正を、記事を公開した後、いわば読者の見える場所でやっていることになります。

「未完成」でもリリースする文化

要するに、インターネットの情報というものは、どんどん訂正され、更新されることを前提としているのです。

これはニュースなどの情報だけではありません。例えば、2000年代の初めまで、パソコンのアプリケーションソフトやオペレーティングシステム（OS）にバグがあれば、新聞記事になっていました。ウイルスに対する脆弱性が見つかったとなれば、ちょっとした企業不祥事と同じで、今とは比較にならないくらい大きく報じられたものです。

しかしインターネットが普及するに従い、そうしたバグはよほど深刻なものでない限りは報じられなくなっていきました。ソフト会社は、バグが見つかるとネットを通じて直接修正ソフトを配布します。新しいOSがリリースされた際にそれがバグのない完璧なものであると思って買うユーザーは、今やほとんどいないでしょう。

つまり、発売された段階で、いわば「不良品」であることを、皆承知の上で買っていることになります。リリースされた段階では「未完成」でもいいというのが、インターネットの新しい文化だと言えるでしょう。

ですから、新しくリリースされたOSを使うのと同様、ネットにアップされたばかりの情報を使うときには注意が必要です。そこにはまだ十分に検証されていない情報がたくさん紛れ込んでいるのです。たとえそれがマスコミの報道であっても、ネットの場合は紙面に載せる際に必要な検証や修正の手続きを、まだ経ていない段階で流されていることがあるのです。

特に、ネット報道の世界はスピードが勝負です。もともと新聞社は「抜いた・抜かれた」と表現される、熾烈な速報競争を繰り広げてきました。しかし、従来は「印刷の締め切り時間」が、物理的な制約として存在しました。ふつう、深夜の午前1時ごろまでに書けなかった原稿は朝刊に載ることはありません。逆に、例えば午後8時に入った情報であれば、すぐに流す必要がないため最終版などに回され、どの新聞社が一番にその情報を入手したのかという差は読者には意識されなかったのです。

しかし新聞社がニュースを速報としてネットに流すのが当たり前になってくると、かつては最終版に載せるかどうかという勝負だった速報競争が、1分1秒を争う競争に変わっていきました。

かつては、スクープにつながる情報を得てから紙面の締め切りが来る翌日の午前1時までの間は、情報を吟味する余裕がありました。しかし今では、他社が速報で流す可能性のあるテーマについては、紙面の締め切り前であってもネットに流さなければならないことがあるのです。そうなると記者の間では、「競争で負けるくらいなら情報の信頼性にやや疑問があっても先にネットに情報を流そう」という動機が芽生えます。

新聞社でも、ネットに情報を流すようになってそうした文化の変化が生まれつつあります。

現在ではまだ新聞社は紙とネットを並行して取り扱っており、紙面に載せる情報についてはかなり慎重に吟味しています。しかし速報として自社サイトなどに流す情報についてはインターネットの「後から訂正すればよい」という文化が広がりつつあるのです。

同じ記事でも紙とネットで違いが出る

これは、読者も心得ておかなければならない現実でしょう。同じ新聞社が流す同じ記事であっても、紙とネットでは信頼性に違いがあるということです。特に、事件や事故が起きた時の第一報については、どんどん新聞社でもスピード重視になっています。そうなると早く報じることを優先し、情報の信頼性が紙面に載る記事に比べ大幅に低下するケースも増えるでしょう。

速報記事に「てにをは」の誤字や脱字が目立つのも、このためです。紙面に載せる際にはデスクや専門の校閲記者らが何重にもチェックして、そうしたケアレスミスは直されます。しかしインターネットの場合はそうした手続きを経る前にとりあえずネットに流されていくのです。

もちろんマスメディアの場合は、核心部分についてはは裏をとっているはずです。しかし、細かいニュアンスや数字など枝葉の部分については、しばしば間違いが起こります。また記事の根幹を揺るがすほどの大きな間違いならともかく、微妙な表現の訂正は、たいてい気づいた段階で断りなく修正されていきます。ですから読者も第一報だけを見て行動すれば、致命的な判断ミスをすることはないにせよ、ニュアンスの取り違いや数字上の間違いを犯すリスクはあるのです。

8

報道の限界を知る

　近年、マスコミの報道に対する批判がかつてないほど高まっています。特にネット上では、新聞やテレビといった既存メディアに対する批判が目に付きます。「新聞やテレビは本当のことを伝えていない」「事実を捻じ曲げて世論を誘導している」といった不信が渦巻いています。

　しかし一方で、そうした批判を見ていると、全く相反する主張が併存していることにも気づかされます。例えば「政権批判ばかりして偏向している」という批判がある一方で「政権批判を十分にしていない」という批判も同じくらいあります。同様に、「政治的に偏向しすぎている」という意見があるかと思えば「中立的すぎて主張が見えない」という不満も見ることができるでしょう。同じニュースについての報道でも、「なぜ○○を取り上げるのか」という声と、「なぜ○○を報じないのか」という声が同時に上がることが珍しくありません。

　どちらの批判もネットユーザーの本音でしょうし、実際のマスコミの問題点をついていると思います。にもかかわらずこうした矛盾する批判が出てくるのは、「マスコミ」とメディアをひとくくりにしてとらえているからでしょう。議論が錯綜してしまっているのです。

「マスコミ」として批判の対象になっているメディアは、実際には新聞、テレビ、雑誌といった異なるメディアです。同じ業界の中でも、朝日新聞と産経新聞の立場が正反対なように、媒体によってもスタンスは大きく違います。

これらの媒体の報道を、同じネット空間の中で見られるようになったために、それらを「ネットでは」とか「マスコミは」といったように、ひとくくりで論じる傾向が強まっています。しかし、同じプラットフォームに乗っていても、実際にはそれぞれの違いに注目し、特徴や限界を意識しながら情報に接する必要があるのです。

メディアの5つの制約条件

実際、それぞれのメディアには固有の限界が存在します。インターネット上で見ることができるコンテンツには、民放テレビ局、NHK、新聞、雑誌、ネット専業メディア、個人ブログ、など多様なものがあります。もちろん先に述べたように同じテレビや新聞の中でもビジネスモデルや政治的立場などは大きく異なります。こうしたそれぞれのメディアについて、発信できる情報の限界、言い換えれば制約条件を意識しておく必要があるでしょう。

では、メディアにはどんな制約条件があるのでしょうか。私は大きく分けてそれを5つに分類しています。

1　取材の限界
2　時間の限界
3　字数の限界
4　読者の限界
5　収益の限界

これらの限界は、それぞれのメディアによって異なります。ですから、各メディアごとに、5つのうちどの分野が特に顕著なのかや、限界がどのような形で報道の内容に影響を及ぼしているかを、きちんと整理して知っておく必要があるのです。

どれだけのリソースを取材に投入できるか

まず「取材の限界」について説明しましょう。各メディアが取材に投入できるリソースには限りがあります。第一に、投入できる人員が異なるでしょう。「取材にどれだけの人数をあてられるか」「どれだけ能力の高い記者や編集者をそろえているか」が異なるのです。

例えば、最近、「ハフィントンポスト」や「THE PAGE」、「乗り物ニュース」といった、ニュース解説を中心としたネット専業メディアがたくさん生まれています。こうしたメディアは独自記事を流していますが、「ニュースの第一報（ストレートニュース）」を流すために活動している記者はあまりいません。もちろん契約したフリージャーナリストがニュースを取材して記事を書くことはありますが、数は限られています。基本的には、テレビや新聞で報じられたニュースを受けて、それを解説したり、関連情報を提供したりするのが主な役割だからです。

一方で、テレビや新聞といった既存メディアは、自社でストレートニュースを報じられる陣容を常に整えています。記者の数も、新興のネットメディアや雑誌などに比べ、ずっとたくさん抱えています。新聞社の中でも記者の数は異なりますが、例えば主要企業や役所には、専任の担当者が必ずついているものです。そうした何百人という記者を常時取材に投入しているのです。

アクセスできる取材源も異なります。例えば、記者が「記者クラブ」に所属しているか否かというのはある種の一次情報を得る上で、大きな差になります。

記者クラブとは、役所や業界団体などに設けられた取材拠点の通称です。閉鎖的で、テレビや新聞といった既存の媒体を優遇し過ぎているという批判がありますが、役所や大企業の情報を効率的に集める装置として現実に大きな役割を果たしていることは間違いありません。いいかどうかともかく、現在のところ、そうした情報を独占的に得られるのはテレビや新聞だけなのです。

その意味では、分野によって異なるものの、役所や大企業が発表した情報や、そうした組織から機密情報を取る能力は新聞やテレビの方が、ネット専業メディアや雑誌よりも高いということは事実でしょう。

物理的距離も影響する

物理的距離も取材に影響します。例えば地方を拠点とする地元紙は、東京に集中している中央官庁や国会の動きを取材する機会が限られます。それを代替する手段として通信社がありますが、少なくとも独自の情報源は極めて少ないと言っていいでしょう。

逆に東京に拠点を置くメディアは、地方にきめ細かい情報網を築くのは容易ではありません。全国紙は主な都市には取材拠点を置いていますし、テレビの場合は系列の地元局を通じて一定の情報は入るようになっています。しかし、ある地方で起きた問題については、その地元メディアが圧倒的に多くの情報を持っていることは言うまでもありません。

国内ではそれほど大きな差は無いかもしれませんが、これが海外の情報になると大きな差につながります。大手メディアは海外にも取材拠点を持っています。しかしどこに拠点を持っているかは会社によって異なります。自社が拠点を確保しない国で起きた情報はなかなか入手しづらいのが現実です。契約する通信社の記事を転載したり、地元紙の報道を引用するなどの形で報じたりしますが、少なくともそれは直接取材した一次情報には基づいていません。

このように、取材体制や取材する人の能力には、メディアによって大きな差があるのです。メディアを利用する際にはそのメディアが一次情報を得た上で分析して記事を書いているのか、他の機関が得た情報を二次利用して記事を書いているのかは意識して利用するべきでしょう。

その際、一次情報を得ているメディアの方が状況を詳しく把握しているのは言うまでもありません。ベースになる情報が直接情報か間接情報かは、記事を書く上で一般に考えられている以上に大きな違いを生みます。

例えば、一次情報を得ているメディアがニュースに関する特定の風説を報じないとき、それはその情報が間違っているという確信を持っているからかもしれません。一方で一次情報を得ていないメディアは、そうした判断ができないため、真実である可能性が一定程度あると思えば、とりあえず言及することがあります。一見すると後者の記事の方が詳しいのですが、質の面では劣るのです。このように、知っているからこそ、報じる／報じないといった判断ができます。そうした意味でも、どのような取材体制を持っているかは、報道の質を見分けるうえで重要なポイントになるのです。

締め切り時間による制約

「時間の限界」とは、わかりやすい言葉で言えば締め切り時間による制約のことです。

どんなメディアにも締め切り時間が存在します。ただし、その概念はメディアによって結構大きく異なります。例えば日刊の新聞の場合、紙媒体としての締め切りがやってきます。配達時間から逆算した印刷の開始時刻が、夕刊と朝刊それぞれで厳密に決まっているからです。こうした締め切りの時間を中心にして記者の取材活動や執筆活動は回っているのです。

同様にテレビの場合も「放送枠」という縛りが存在します。特にニュースの場合は、朝、昼、夜のように番組の放送時間帯が決まっているのが普通です。新聞と同じようにテレビの記者も、そうした放送時間を意識しながら仕事をしているわけです。

例えば緊急記者会見が行われた時、それがその媒体の締め切りの直前であれば、間に合うように記者が取材を途中で切り上げて記事を書き始めなければなりません。次の印刷時間や放送時間を待っていると、大きな遅れをとってしまうからです。

その場合はたとえ記者会見が途中であっても、その段階でわかっている情報を記事に盛り込むことになります。そして、締め切り時間がより遅いメディアの方が、じっくり取材し執筆も余裕を持って進めることができるでしょう。

ネットメディアはそうした締め切りとは無縁のように見えるかもしれません。実際、新聞社の独自サイトでは、印刷時間とは無関係に速報を流していきます。もちろんネット専門媒体はいうまでもありません。

しかし、だから時間が無制限かというとそんなことはありません。ネットの報道は速報を競っています。少しでも早く第一報を報じたサイトがたくさんのアクセスを稼ぎます。このため、他社よりいかに早く報じるかというのは重要な競争の要素になっているのです。

締め切りが決まっていないからといって、ぼやぼやしているとライバル社に遅れをとってしまうことになります。1分1秒を争うという意味では明確な締め切りがないネットメディアの方が、紙媒体よりシビアかもしれません。できるだけ早く書いて記事を発表するという縛りは、速報を重視するメディアほど厳しい条件となっていると言っていいでしょう。

このように、どんな締め切りに縛られているかは、媒体を使い分ける上でも重要になります。もちろん速報メディアを利用すればリアルタイムに近い形で情報を得ることができます。一方、締め切りが週一回しか来ない週刊誌などの情報は、速報では劣るものの、一次情報を追いかけている速報メディアに比べると、ユニークな視点からの解説や、少し変わった取材源からの情報を提供してくれることがあるでしょう。

情報量の物理的な制約

「字数の制限」とは、ここでは報道できる情報量の物理的な制約の意味で使っています。文字情報が中心の新聞などのメディアの場合、それは文字通り制限字数を意味します。一方で、「字数」ではないものの、テレビなどの放送メディアはやはり時間枠が決められています。

こうした制約は、ニュースをどれだけコンパクトにまとめなければならないかを規定します。例えばテレビの放映時間が5分と決まってる場合、一つのニュース原稿はアナウンサーが5分以下で読める長さにまとめなければなりません。もし取り上げるニュースの数が2つ、3つと増えていけば、1本あたりの原稿の字数制限はきつくなっていきます。

新聞の場合も、例えばベタ記事でしか載せられないニュースについては、どれだけ時間をかけて取材したとしても、書けるのはせいぜい150〜300字程度になります。こうした情報量の限界を前提にして記者は原稿をまとめることになるのです。

この点についても新聞やテレビといった既存メディアに比べ、ネットの自由度が高いことは事実です。しかし時間の制約と同様、制限が存在しないわけではありません。

例えば速報メディアであれば、ユーザーにとっては記事を早く読めることも重要な価値の一つです。特に投資情報を扱う速報メディアなどは、場合によっては見出しレベルの短いフラッシュニュースだけ流すことがあります。投資家は、他の投資家より早く情勢を読み取り、市場がニュースを織り込んでしまう前に意思決定をしなければならないからです。そうなると、結論を理解するまでに時間がかかってしまう長い記事は利便性を損なうことになります。つまり記事のニーズによって、そうした「適当な長さ」が存在し、物理的な制約が生じことがあるのです。

速報を扱っていない解説系のネットメディアでもそれは同じです。こうした媒体では他のメ

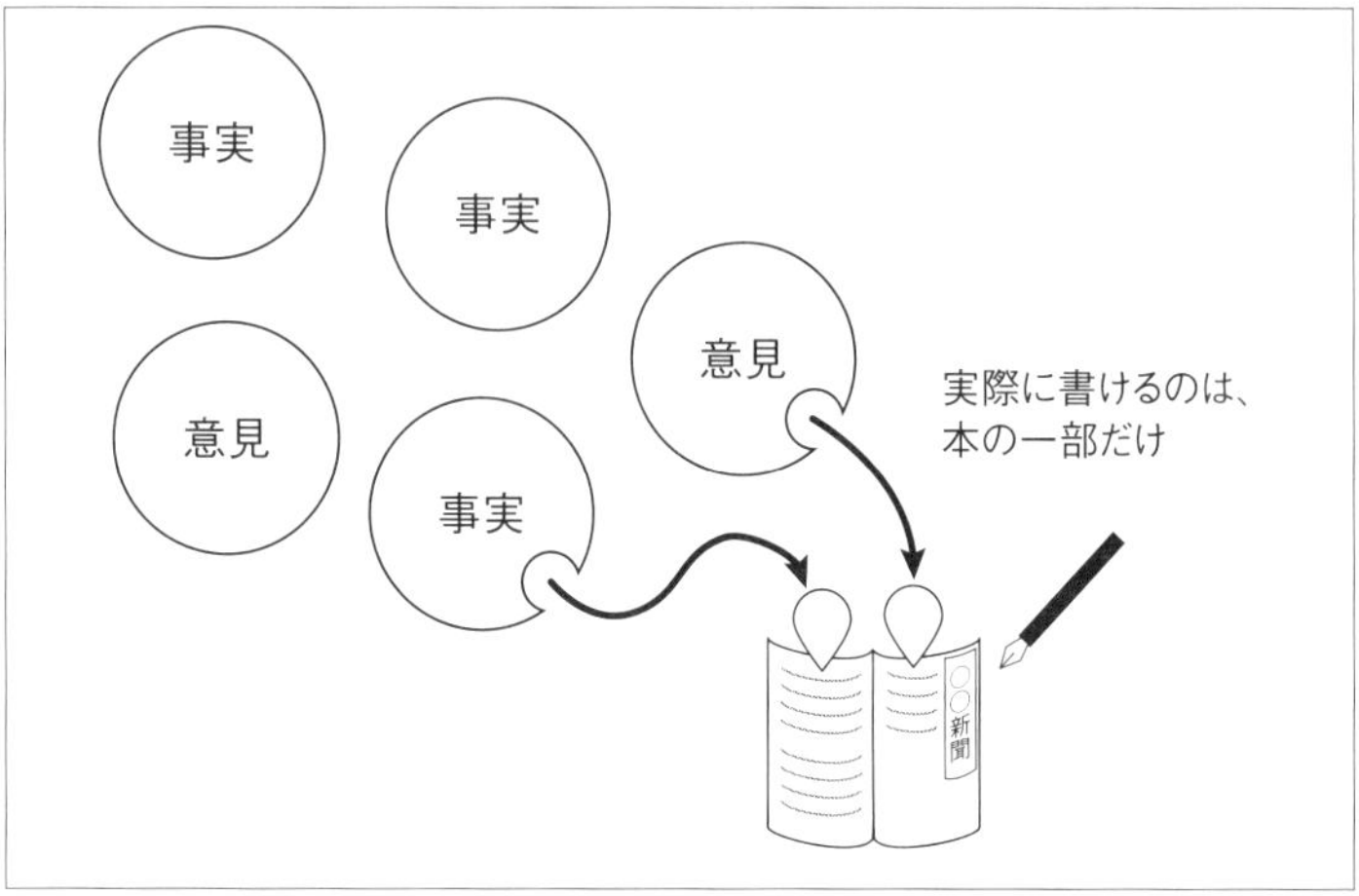

報道の限界

ディアに比べれば字数制限がきつくないので、より詳しい解説をすることができます。しかしネットでも、「読まれる長さ」というのは存在します。あまりにも長ければ読者も飽きてしまいますし、短すぎれば読んでも満足感が得られません。

例えば本が1冊書けるほど取材したとしても、実際の記事は原稿用紙数枚程度だったりします。これは新聞やテレビの情報に比べればかなり大きなものですが、しかし記者が得た情報を取捨選択してそれぐらいの短さに納めなければならないという点では、やはり限界なのです。

こうした時間や字数の限界があるということは、どんな媒体の報道であろうと、記事が紹介しているのは、たくさんある事実や意見の中のほんの一部であることを意味しています。実際に、私が記者になって最も痛切に感じたのは、「思った以上に書けることは少ない」ということでした。

自分が一読者だったころは、「この記事は一面的だなぁ」とか「なぜこの論点を書かなかったのだろう」などと、記事の一面性に不満を持ったものでした。しかし記者になってみると、字数の関係上、どうしても書けることが限られてしまうことに気づきます。泣く泣く重要な情報を捨ててしまうことは、しばしばあるのです。

読者の側から言えば、情報を偏りなく見るためには、そうしたそれぞれのメディアの特徴をきちんと押さえた上で、それらを組み合わせて弱点を補うような読み方をしなければならないのです。

読者のニーズに合わせることによる制約

次に「読者の限界」について説明しましょう。

読者の限界とは、受け手である読者のニーズに、発信者側が合わせることから生じる限界のことです。例えば新聞社の一部は、小学生新聞という媒体を出しています。文字通り小学生に向けたニュース媒体なのですが、当然、普通の新聞と全く同じ内容では読んでもらえません。ニュースは小学生が関心を持ちそうなものに絞り、内容も噛み砕いて説明する必要があります。

このように、それを受け取る消費者の好みや理解力によって、コンテンツをどのように作るかは制約を受けます。まず問題なのは、受け手が持っている知識量でしょう。これは記事の中でニュースに出てくる様々な用語や事象をどこまで詳しく説明しなければならないかを規定します。

先に述べた例のように、小学生向けの媒体であれば小学生が知っているであろう知識や言葉の範囲で記事を書くことが求められます。

若者向けの媒体であれば、その世代が理解でき、面白いと感じるコンテンツを作ることになります。逆に、いわゆる専門媒体では、読者もその分野の専門知識を既に持っているということを前提に記事を書くことができます。つまり記事で書かれている内容というものは、その媒体が主なターゲットとして想定しているユーザーに制約を受けているのです。

一般的には、読者層が幅広い媒体ほど記事は平易に書かれます。その一方で専門的な知識を必要とするような解説や、専門家のコメントなどは載せづらくなります。こうした媒体による違いも意識して読む必要があるでしょう。

これは余談ですが、日経新聞に入社したてのころ、先輩記者から「うちの記事が読んでも理解できなければ、同じニュースを報じた読売新聞を読むといい」と言われました。日経新聞は発行部数が300万部ほどで、想定読者はビジネスパーソンです。とくに経済については一定の知識を持っている読者が多いので、記事もそれを前提に書かれています。言い換えれば、経済の知識があまりない人にとっては「不親切」なのです。

一方、読売新聞は、当時1000万部を誇っていました。日経の三倍以上の読者を抱え、しかも想定する読者層はビジネスパーソンから専業主婦まで、さまざまです。そうした幅広い層に読んでもらうには、記事も相当気をつけてわかりやすくする必要があります。だから、日経と比べて「親切」な記事が多いのです。

想定読者の好みにも左右される

もう一つ忘れてはいけないのが、読者のニーズです。これは読者の好みと言い換えてもいいでしょう。

どんな媒体でも、あらかじめ読まれないとわかりきっている記事は掲載しにくいのが普通です。ニーズがない記事を媒体のリソースを割いて書くことは経営的にもプラスにはならないからです。

これは、媒体によって取り上げにくい分野があるということを意味します。例えば経済ニュースを主に扱っている媒体であれば、経済に与える影響が大きい事件・事故のニュースは報じることができるとしても、芸能ニュースは載せにくいでしょう。このように想定している読者の好みもまた、記事を書く上で制約になるのです。

新聞についてはよく、保守系かリベラル系かといった違いが話題になります。朝日新聞や毎日新聞はリベラル系の立場から報道していますが、これは主要読者がリベラル層だからです。

逆に読売新聞や産経新聞は主な読者層が保守系の人たちなのでそうした立場から報道しているのです。

この点については、多くの読者が誤解しているかもしれません。朝日新聞が左翼的な記事を載せているのは、記者がそうした思想的立場から世の中を「洗脳」しようとしているからではありません。実は、営業的な制約からなのです。

これは朝日新聞だけでなく、産経新聞や日経新聞でも同じです。主要読者を満足させるような記事の書き方やニュースの選択をしていれば、自然と現在のような報道になるのです。

実際、それぞれのメディアで働いている人たちは、例えば「リベラル系の新聞社だから左翼色の強い人ばかり」だとは限りません。自分の所属している媒体とは異なる考えを持った人も少なからず存在しています。記事に現れる政治的な特色は、記者の平均的な政治的傾向とある程度は一致していますが、それをダイレクトに反映しているわけではないのです。

というのも、記者になる人たちは、学生時代に「自分はジャーナリストになりたい」と考えて新聞社を受験します。もちろん、「朝日新聞に入りたい」とか、「TBSの報道姿勢に共感する」といった、それぞれの好みは受験する企業の選択に現れます。しかし、他の就職活動と同じで、1社に絞って受ける人はまずいません。狭き門なので、新聞社なら2〜3社、そこにテレビや出版社も加えて受験するのが一般的でしょう。つまり、運良くマスコミに採用されたとしても、その社風や政治的傾向が自分とぴったり合っているとは限らないのです。

ビジネスモデルによる制約

「収益の限界」とは、ビジネスモデルの制約を意味しています。伝統的なメディアでもネットメディアでも収益の柱は大きく分けると2つで、広告収入と販売収入です。

販売収入とは、新聞であれば月間の購読料やキヨスクやコンビニなどでの販売代金になります。ネットでも一定の金額を払った人だけ読める課金制のメディアも増えつつあります。

このようにコンテンツの販売収入が柱になっているメディアの他に、ほぼ広告収入だけに依存しているメディア、そしてその両方を2本柱としているメディアが存在します。

例えば新聞の場合は販売収入と広告収入がほぼ半々の形で経営してきました。最近は部数が減ると同時に広告収入もネットに食われて激減しており、そのバランスは崩れつつありますが、今でもこの2つの収入を中心に経営されています。

テレビではNHKと民放テレビで大きく異なります。NHKは基本的に視聴者が払う受信料で成り立っています。受信端末を持っている人には、半強制的に受信料の支払い義務を課し、月極で安定した収入を得ているのがNHKの特徴です。当たり前に見えるかもしれませんが、公共放送が世界ですべて同じタイプだということではありません。公共放送の中にはそうした受信料の他に、政府からの補助金や広告収入を合わせて得ているメディアも存在します。

これに対し民間のテレビは2タイプに分かれます。地上波放送は基本的には番組の合間に流すCMの収入によって成り立っています。視聴者はNHKのようにテレビ局に対してお金を払うことなく、無料でコンテンツを消費することができます。

もちろん、厳密に言えばテレビ局に支払われている広告料は、消費者が買っている商品にコストとして上乗せされています。その意味では厳密に無負担で情報を得られるわけではありませんが、少なくとも消費者と供給者の間に関して言えば直接的な金銭のやりとりはないのです。

これに対してケーブルTVや衛星放送については、さまざまなビジネスモデルが存在しています。近年はネットによる配信も容易になったので、広告料や契約料、番組の販売などを組み合わせた経営形態も珍しくありません。

こうした収益構造は、報道の姿勢や情報の質にも大きな影響を与えます。例えば、スポンサーに対する配慮です。

一般に民放テレビ局は大口スポンサーの意向に弱いと言われます。収入を広告に頼っているためCMを入れてくれる企業などに、どうしても配慮せざるをえないのです。

そうなると大口企業が扱っている商品を批判的に取り上げるのは難しくなるでしょう。このように広告収入を経営の中心に据えている場合は、やはり広告を出してくれる企業や団体に対する遠慮、配慮が報道にもにじんできます。

逆に、購読料や契約料の形でユーザーから直接お金をもらっている場合は、そうした圧力は受けにくくなります。消費者が求めている情報を、そうした圧力からあまり影響を受けない形で報じられるのです。新聞のように広告と販売収入を半々としているメディアの場合は、その中間だと考えていいでしょう。

NHKの場合は少し状況が違うかもしれません。NHKは視聴者から得たお金で成り立っています。ただ、そうした収入の使い道などについては、国会の承認を受けなければならないからです。

会長など幹部人事でも、政府や国会議員の意向を無視することはできません。こうした政治的な圧力からはどうしても影響を受けてしまう構造なのです。

報道を見るときはこうしたビジネスモデルに起因する利害関係者の存在は意識しておく必要があるでしょう。

クリック率が優先される傾向に

では、このような構造と少し違うネットメディアは、外部の圧力からは無縁なのでしょうか。

ネットメディアの多くは、現在、広告収入を柱としているケースが大半です。ネットに表示される広告を読者がクリックすると、広告主からお金が入ってくる仕組みです。

新聞などと異なるのは、広告代理店が運営する、広告の自動表示システムを利用しているケースが多い点です。このシステムは、読者の属性や記事の内容に応じた広告を、機械的に表示させます。例えば、ある読者のアクセス履歴を参照し、自動車関連のサイトをたくさん見ていることがわかれば、トヨタや日産の広告を表示するといったイメージです。それを読者がクリックすると、一定の広告料が発生するわけです。

この仕組みでは、メディアが広告主を自ら開拓していないため、同じ広告でも広告主との関係が、比較的ドライになります。広告主も、「自社に不利な記事を書いた新聞から広告を引き上げる」といったことはしにくくなります。その意味では、大口広告主が報道内容に介入するリスクは小さいと言えるでしょう。

しかし、やはりこの場合も、別の意味で報道内容に制約が生まれます。簡単に言えば、クリック率が高まるような記事を優先する傾向が生まれるのです。

このビジネスモデルでは、読者の目を引き、たくさんの人にＳＮＳなどで拡散されるような記事や見出しにすることが求められます。この点は、視聴率が広告収入に直結する民放の地上波とよく似た構造かもしれません。民放のニュース番組も、話題性の大きなニュース、人々の関心や感情を刺激するニュースを優先して流す傾向があります。これも収益構造に規定された行動といっていいでしょう。

相互補完の視点が重要

こうした特徴について紹介したのは、それぞれのメディアの優劣を論じるためではありません。確かにそれぞれの分野を見てみると、メディアによって強い部分と弱い部分があります。例えば新興のネット専業メディアの場合は、現時点においては抱えている記者数が少ないため一次情報に基づくストレートニュースについては取材上の限界を抱えています。このため、ニュース報道は、多くの場合、既存メディアの報道を引用する形で行われています。自前の記者が取材した情報ではなく、大手メディアが報じた情報をベースにして、それに解説などの付加価値をつけることが中心になるのです。

しかし、そうした限界を抱えているからといって新興メディアが伝統メディアより情報の質が低いとか、中立性に欠けているというわけではありません。紙媒体などに比べると字数制限の面で自由度が高いという強みもあります。新聞では紙面の制約からできないような、詳しい解説が書けるわけです。広告収入が中心であっても、大口のスポンサーに依存していない強みもあるでしょう。大口の広告主が存在するメディアに比べ、しがらみなく企業の批判や評価ができる可能性が高いわけです。

重要なのは、そうした強みと弱みそれぞれについて目を配り、それを補うようにメディアを組み合わせて使う相互補完の視点です。

例えば新聞には紙面の大きさに限りがあるため、字数の制限はきついものにならざるを得ません。第一報を報じるというメディアの特徴からすれば、解説よりもニュースの全容の説明に字数を割くことになります。この点、ネットのニュース解説メディアは字数の制限もあまりなく、すでに報じられているニュースについて第一報の内容を長々と説明する必要はありません。

こうした特徴を踏まえれば、第一報の速報は既存メディアで収集し、解説はネット専業メディアのものを読む、といった組み合わせが可能です。

同時に足りない部分を補うという意味では、新興のネットメディアが流している情報が、多くの場合二次情報であるということは意識しておく必要があるでしょう。解説メディアやネット専業メディアは自前の情報網を持っていないため、インターネットで流れている情報を元にニュースを解説することが多くなります。自分たちで直接取材しているのではなく、SNSで流れているコメントや大手メディアが流した情報を引用する形で記事を書いていることが多いのです。

ですから、こうしたサイトの情報を利用する場合は、元の記事やネット上にあるリリースなどに当たった方がよいでしょう。編集の過程でニュアンスが変わっている可能性があるからです。

多くの場合、どういった情報源から、どういった情報を得て報じているかは記事の中に書いてあります。例えば「総務省が発表した家計調査によると」といった出典情報に注目し、根拠となっている情報にあたってみるという習慣は、身に付けておいた方がいいと思います。

メディアの限界と特徴を理解することから

メディアによって取り上げる分野に偏りがあることも覚えておいた方がよいでしょう。例えば民放のテレビ局やネットのポータルサイトなどに掲載されるニュースは、視聴率やクリック率を稼ぐためになるべく多くの人が関心を持つようなネタを選んでいます。このためどうしても芸能ネタなどが多くなります。もちろん俳優やアイドルのスキャンダルや残忍な殺人事件などは、私たちが仲間と共通の話題をコミュニケーションの潤滑油としているという意味では、重要なニュースの一つです。

しかし、逆に言えば、テレビやネットが取り上げていないからといって全てが不要なニュースというわけではありません。新聞やNHKのような媒体は、そうした幅広い読者の関心を集めないニュースでも、社会的に重要であれば載せることが可能です。政治ニュースや社会的な課題については民放やポータルサイトに比べ、新聞やNHKの方がきちんと載せる傾向があります。ですから偏りを意識して、なるべく多くの異なる性質を持つ媒体から情報を得た方が、バランスを取りやすいのです。

メディアには二面性が存在します。一つは、ジャーナリズムという、権力の監視やタブーなき議論を促す役割を果たす存在としての側面です。あるべき姿と言い換えてもいいかもしれません。

しかし、現代社会において、報道はビジネスとしての側面も持っています。消費者やスポンサーが払うお金によって経営が成り立っているのです。これは、メディアに限らないかもしれませんが、そういった意味で「完全に独立したメディア」というものはありません。

そうである以上、それぞれのメディアのビジネスの構造やジャーナリズムに対する態度の違いを意識した上で、それらをうまく活用することでバランスを取るのが正しい姿勢と言えるでしょう。

「これだけ押さえておけばよい」という単一のメディアというものは、残念ながら存在しません。また、どれだけ各メディアに理想のあるべき姿を求めても、それはキツイ言い方をすれば無い物ねだりでしかないのです。むしろ私たちは賢い消費者として振る舞うために、メディアの限界と特徴を理解することから始めなければならないでしょう。

3章
ネット情報の利用術

9

メディアを生態系として捉える

これまで述べてきたように、インターネットの特徴は、新聞、テレビ、個人といった様々な情報発信主体が、同じフィールドで情報を発信しているという点にあります。ですからインターネット情報を活用する際に最も重要なのは、同じフィールドで情報発信している主体の特徴をそれぞれ正確につかみとり、その特徴に応じた使い方をするということです。

それには、どの発信主体が、どういった情報を発信しているのかといった違いを知っておくことはもちろん、それぞれの情報の信頼性のレベル、発信者の目的、情報の偏り具合なども含めて意識する必要があります。

例えば新聞社が発信する情報だけを信用するというのも間違いですし、逆にマスコミの情報は全て捏造であるなどと頭から決め付けてかかるのも間違いです。こうした、ある意味ではカオスのような情報空間の中で、私たちはどう振る舞えばよいのでしょうか。

始まったメディアの「下剋上」

インターネットが登場する以前、報道メディアには一種の序列が存在しました。戦後の日本を見てみると、長らく主役の座を占めていたのは新聞でした。戦前からラジオや映画も一定の影響力を持っていましたが、情報媒体としては新聞や書籍といった、紙のメディアが中心だったのです。

高度経済成長期には、テレビが勢力を伸ばしていきました。ただし、その過程でも、放送局は新聞社からの出資を受けて設立されたので、完全に独立した存在ではありません。今でもテレビのニュースは親会社である新聞社が提供している場合があります。いってみれば、非常に限られた数のマスコミ企業が複数の媒体を支配している状況が長く続いたのです。

そうした環境の中で、メディアは一種のピラミッド構造の中に位置付けられていました。最も影響力が強いのが他の媒体にも出資する新聞であり、その下にテレビやラジオが位置するということです。新聞、テレビ、週刊誌といった棲み分けや序列が決まっていたのです。

こうした環境の中では、個人の情報発信には、ほとんど存在感がありませんでした。もちろん同人誌や自費出版、マスメディアへの投稿などの形で、個人も情報を発信していました。しかしそれは影響力の点で、今とは比べ物にならないほど小さかったのです。

こうした状況を大きく変えたのがインターネットでした。既存のメディアのなかで上位に位置していた新聞やテレビは顧客を奪われ、影響力や信頼性も低下していきました。一方で、個人がメディアのフィルターを経ずに直接発信する情報が、大きな力を持つようになったのです。インターネットの世界では、すでに「下剋上」が始まっているのです。

新聞と週刊誌の意外な協力関係

しかし、様々なメディアがネット上で共存するようになってもなお、私たちはメディアの序列やピラミッドという考え方から十分に自由になったとは言えません。「週刊誌より新聞の情報の方が信頼できる」とか、「ネットの新興メディアが新聞に勝利しつつある」といった優劣や勝ち負けにもとづいた見方をしてしまいがちです。

例えば週刊誌にはしばしば、「新聞には書けない○○の真相」などという見出しが躍ります。こうした見出しを見ると、あたかも新聞と雑誌が対立しているかのように見えるでしょう。

実際、週刊誌の多くは新聞やテレビの批判を売り物にしています。そして、確かに新聞が書かない情報を週刊誌が載せるということも少なくありません。

しかし、本当に新聞と週刊誌が対立関係にあるのかというと、必ずしもそうではないのです。例えば週刊誌の記事をよく読むと、新聞記者が情報源になっている記事が意外に多いことに気づきます。記事の中に、「全国紙デスク」や「経済紙記者」のコメントが出てくることが少なくないのです。

実は、新聞記者と雑誌記者は、ある意味では協力関係にあります。新聞と週刊誌では発行部数が違いますし、読んでいる読者層も異なっています。媒体としての役割も当然違うからです。記者が何か情報をつかんでも、自分が所属している媒体に書く欄がないというケースはよく起こります。例えば芸能人の不倫スキャンダルを新聞記者がキャッチしたとしても、そうしたニュースを掲載する場所は一般紙にはありません。新聞にとって芸能人ネタは、よほど社会的な影響が大きいニュースでなければ載せる価値がないと判断されるからです。

同様に、猟奇殺人で、被害者が加害者からどんな目に遭ったのかなどは、新聞には細かく書きません。これは何百万人という読者を想定している新聞では、ある程度仕方がないことです。もちろん被害状況を報じることに社会的な意義があるケースはありますが、セカンドレイプと言われるような人権侵害につながる恐れもあるのです。新聞は、週刊誌に比べると、そうした配慮をかなりしなければならない媒体です。

加害者が未成年だった場合にどこまで個人情報を明らかにするかという点でも、同じような問題が生じます。この点、週刊誌では訴訟や社会的非難も覚悟して、あえて少年法を無視するような形で報じることがあります。

逆に、週刊誌の記者が書きにくいネタもたくさんあります。例えば経済ネタや政治ネタをたまたまキャッチしても、記事にはしにくいのです。週刊誌は新聞と違って、定期購読している人はあまりいません。電車の吊り広告や、新聞に掲載される週刊誌の見出し広告によって、読者がその週に買うかどうかを決めるタイプの媒体です。

そうなると、たくさんの読者の興味を引くような見出しが取れる記事しか、なかなか載せられません。たとえ社会的に重要なニュースであっても、読者が「お金を払ってでもそれを読みたい」と思うような、面白いニュース以外は記事にしにくいのです。

このように、新聞と週刊誌それぞれに、記事にしにくいネタというものが存在します。そうしたネタをたまたま手にした場合、新聞記者と週刊誌の記者は情報を取引することがあります。自分の媒体で書けないネタを別の媒体の記者に渡すのです。どうせ書けないのであれば、競合しているわけではない別媒体に載っても痛くも痒くもありません。むしろ、そうしたネタを渡しておけば、後日、相手から書けないネタをもらえる可能性があるのです。

このような協力関係というものは、報道倫理の面から言えば問題ですが、現実には、週刊誌やテレビ、新聞といった異なるメディアの間に存在します。ですから、「新聞が書かない」と、週刊誌が一見批判的に取り上げている情報でも、実はネタ元は新聞ということはけっこうあるのです。週刊紙に載る新聞社やテレビ局の社内スキャンダルはその典型で、その会社の社員が持ち込んだ情報というケースが少なくないのです。

メディアを「生態系」として捉える

いずれにせよ、消費者である私たちにとって最も大事なことは、必要な情報が、どのルートからであれ、最終的に耳に入ることです。仮に新聞が報じなくても、テレビや週刊誌が報じてくれるのであれば、個人的には何の問題もないでしょう。芸能人のスキャンダルを新聞に報じてもらう必要は必ずしもないのです。むしろ、仕事に関わるニュースは新聞、ゴシップは週刊誌、移動時間の暇つぶしはスマホで読めるキュレーションメディアといった風に、使い分けられた方がずっと便利です。

メディアの使い分けを考える際に理解しておく必要があるのは、こうした異なるメディアの間の相互依存関係です。別の言い方をすれば、メディアをピラミッド型の序列構造で捉えるのではなく、それぞれが複雑に影響し合い、相互依存、相互監視するような「生態系」として捉える必要があるということです。

自然界でも、肉食獣が頂点に位置し、その下に草食動物、さらにその下には植物、細菌などの微生物がいるといったピラミッドで理解することは可能です。その場合、ライオンがピラミッドの頂点におり、草食動物のインパラはその下にいて、さらにその下に小動物や植物、微生物がいるといった、力関係の序列付けができます。

しかし一方で、インパラが減ってしまえばライオンも数が減ってしまいます。ライオンが死ねば、その肉は別の動物の餌になり、最後は微生物によって分解されるでしょう。そこに確固たる序列関係というものは実は存在しないのです。相互に依存し、影響しあい、競争する。そうした関係性の中でそれぞれの役割や位置を考えるべきでしょう。

インターネット普及後のメディアを考える際にも、そうした生態系としてのメディア環境という視点が不可欠です。ジャーナリズム論の世界では、しばしば序列的な捉え方をします。例えば「調査報道」をするメディアが最も「高級」で、スキャンダルや下世話な話を報じるイエローペーパーは地位が低いとみなされるのです。

もちろん、それは一つの捉え方ではあります。どういった報道が重要で、社会に必要とされているかといった視点が、メディアの進化や改善に役立つことは間違いないでしょう。

しかし一方で、私たち情報消費者がメディアとどう関係を結ぶのかという視点に立った時、そうしたジャーナリズム論的なランク付けは邪魔になることがあります。「信頼できる新聞だけ読んでおけばいい」と決めつけたり、「個人が発信しているブログだから取るに足らない」「マスコミ情報は大衆を先導しようとしているから読まない方がいい」と避けたりする風潮を助長することになるからです。

自然界を理解する上でも、ライオンが偉くて、微生物は下等で役に立たない、といった見方は必ずしも正しくありません。微生物は病気や腐敗の原因になる一方で、廃棄物の処理や新薬の開発に不可欠な存在であるというのと同じです。ある面では有害でも、別の面では重要な役

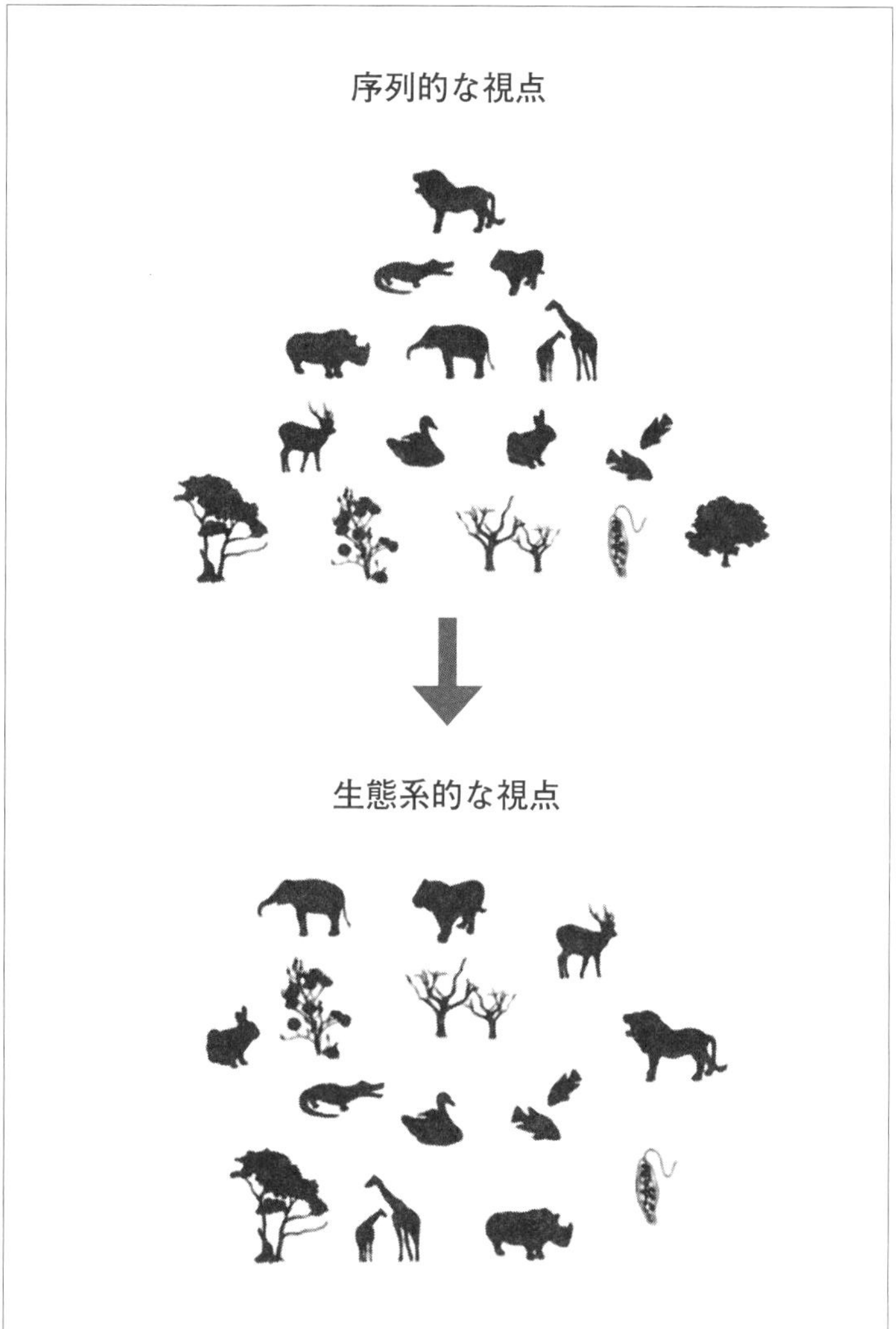

メディアを生態系として捉える

割を果たしているというケースはよくあるのです。

同様に、インターネットを利用する際に私たちが考えなくてはいけないのは、それぞれの情報をどう組み合わせ、それぞれの役割や相互依存関係を踏まえたうえで情報をどう読み解くかなのです。それぞれの情報発信者は、新聞と週刊誌の関係のように、深く結びついているし、強みや弱みが異なるからです。

メディアの生態系の構成

メディアの生態系がどのような構成になっているかを考えてみましょう。そもそもインターネット上にはどんな情報発信主体が存在するのでしょうか。自明のことかもしれませんが、一応ここで整理しておきたいと思います。

まず、企業や組織の形をした情報発信主体があります。真っ先に思い浮かぶのは、ネット登場以前からある、旧媒体の電子版でしょう。例えば朝日新聞や読売新聞といった全国紙、NHKや民放テレビ局などの放送局です。こうした、非電子から出発した媒体も、ネットで情報発信を始めています。

ほとんどの新聞社は、紙面に掲載する記事をインターネットでも流すようになっています。最近は、自社サイトで動画を流すこともあります。一方、テレビ局の側も、番組をインターネット上で動画として流すほか、内容を文字情報に変換してテキストとして掲載しています。報道に限って言うなら、旧メディアが衰退する中でもこうした情報は極めて大きなシェアを占めています。例えば、ヤフーニュースやライブドアといったポータルサイトに掲載されているのも、多くがこうした報道機関が流すニュースです。

次に、キュレーションメディアについて考えてみましょう。キュレーションメディアとは、その名の通り、インターネット上に分散している様々な情報を集めて、一つのプラットフォーム上で見せるサイトやアプリのことです。「ネイバーまとめ」のようなユーザー投稿型のサイトもありますが、ニュースの分野で代表的なのはヤフーニュースや、エキサイトなどのいわゆるポータルサイトです。最近はスマートニュース、グノシー、ニューズピックスなどのようにスマートフォンのアプリでニュースを配信しているものもあります。

こうしたキュレーションメディアの一部は、自前の編集部を持ってコンテンツも作り始めています。ヤフーやニューズピックスがその走りです。しかし、その場合も発信している情報の多くは、既存メディアからの転載であったり、個人のブログや、SNSの情報をまとめたものだったりします。

ここからもわかるように、既存のマスメディアとキュレーションメディアは、切っても切れない関係にあります。

キュレーションメディアが登場した当初、既存のメディアはそうしたサイトが自分たちのコンテンツをいわば二次利用していいとこ取りをしているという批判を展開していました。しかし、インターネット上で読者や視聴者を集めるには、こうしたポータルサイト経由が非常に効率が良いということも判明してきました。

そうした中で、一定の配信料をもらえるのであれば、むしろキュレーションメディアに積極的に記事を配信し、これまでと違った層の読者を集めようと考えるメディアも増えてきています。

一方、キュレーションメディアの側からすると、既存メディアからの配信が止まれば、ビジネスモデル自体が崩れてしまいます。その意味でも既存メディアとキュレーションメディアというのは、相互依存関係を深めているといっていいでしょう。

成長するネット専業メディア

これらに加えて、ネットの普及以降に登場し、成長しつつあるネット専業メディアもあります。例えばアメリカで生まれて日本語版を立ち上げたバズフィードやハフィントンポストは、日本でも定着しつつあります。これらのニュースサイトは、SNSなどを通じて記事を大勢の人に拡散する技術を磨いてきました。どういった見出しにすると読まれるのか、ネットではどんなネタが好まれるのか、といったノウハウを蓄積しており、旧メディアとは違った角度からニュースを報じています。

日本でもJ-CAST、THE PAGE、といった解説記事を中心としたニュースサイトが増えています。これらはネット速報で流れるストレートニュースについて、掘り下げた背景説明や論評を掲載することで読者を獲得しています。週刊誌系では、東洋経済オンラインやダイヤモンドオンラインなどのビジネスパーソン向けのほか、スクープを連発して「文春砲」の流行語を生んだ週刊文春のサイトがあり、「紙」とはひと味違った報道を試みています。

動画系も挙げておきましょう。ニコニコ動画は、テレビ局が生中継をしないような記者会見をリアルタイムで流し始めています。国政選挙でも討論会を主催して中継したり、有識者の解説を流したりするネット番組も増えました。一方、既存勢力であるテレビ朝日系の「AbemaTV」、フジテレビ系の「ホウドウキョク」もストリーミング配信でニュースなどを流しています。

こうしたメディアも、出資を通じて相互につながっており、バラバラに存在しているわけではありません。先に挙げたハフィントンポストは外資系ですが、日本に進出する際に朝日新聞が出資しました。AbemaTVはテレビ朝日とサイバーエージェントが組んでいます。ニコニコ動画を運営するドワンゴも、出版や映画を手掛けてきたKADOKAWA系です。このように独立系といっても既存のマスメディアやキュレーションメディアに出資を受け、実務上も協力関係にある企業が少なくありません。

海外では新しい経営主体も誕生しています。米国ではニューヨークタイムズなどの大手メディアを辞めた人たちによって運営されるNPO方式のニュースメディアが活躍しています。代表的なものが、「プロパブリカ」という調査報道を主体とした報道機関です。日本でも、早稲田大学ジャーナリズム研究所が運営する「ワセダクロニクル」が活動を開始しましたが、こうした非営利組織の報道機関というのは今後増えていくかもしれません。

個人ブログもSNSも

こうした新しいメディアに加え、インターネット上には個人が運営するサイトも増えています。個人の情報発信を飛躍的に増加させたのはブログの登場でした。前にも書いたように、インターネットが普及し始めた当初は、個人が情報発信する場合、自分でホームページを立ち上げることが必要でした。自前のホームページを作るにはHTMLといったプログラミング言語をある程度理解しておく必要がありました。それほど気軽に自分のサイトを持つことができなかったのです。

しかし、ブログサービスが始まって以降は、比較的簡単に個人でもサイトを持てるようになりました。そうした中で、専門知識や独自の情報ルート、文才を持った人たちが、万単位の読者を獲得するサイトを運用する時代がやってきました。例えば、数十万人の読者を持つということは、一個人が運営しているサイトであっても、かつての基準で言えば「マスメディア」と言っていいほどの規模なのです。

さらにここ数年では、SNSの情報発信力が向上しています。ブログに記事を執筆するのではなく、思いついたときにスマートフォンから手軽に情報発信をするスタイルです。ツイッターであれば、個人のふとした感想や、思いつき、見たものを文字通り「つぶやく」ことができるのです。そうしたSNSの発信を集めるまとめサイトも登場しました。生活情報や芸能情報など、報道とは言い難い情報が多いのですが、一方で社会問題に対する様々な意見を集約するなど、かつてマスメディアが担っていた役割を確実に代替しつつあります。

繰り返しになりますが、ネットという情報空間の特徴は、こうした異なるメディアがそれぞれに影響し合い、つながっている点です。例えばテレビや新聞は事件が起きると、一般の人の反応をツイッターやフェイスブックから探して代表的な意見を取り上げるようになりました。

こうしたコメントは「雑感」と呼ばれ、かつては記者が町に出て歩いている人をつかまえて取材していました。現在でも雑感は紙面に載っていますが、近年ではツイッターのつぶやきなどが取って代わりつつあります。

マスメディアが、SNSで話題になっていることを「ニュース」として取り上げる機会も増えました。SNS発で社会現象を引き起こしたものの多くは、実はSNSの力だけで広まったわけではありません。その多くは、SNSで盛り上がりを見せた後、それを既存のマスメディアが取り上げることによって大きく拡大していくのです。

その代表的なものが2016年の新語・流行語大賞に選ばれて議論を巻き起こした「保育園落ちた日本死ね」というブログ記事だったのではないでしょうか。一女性の書いたブログの記事がSNSで話題になり、それを国会やマスメディアが取り上げることで、一気に世論を動かすメッセージになりました。

このケースでも情報がネットで広まったことは事実ですが、それが拡散する過程では新聞やテレビといった既存メディアも含め、様々なメディアが相互に情報拡散し合うことによって大規模な拡がりを実現したのです。

このように考えても、紙や電波のメディアが完全に力を失っているというわけではありません。もちろん、今後もネットメディアが伸び、既存メディアが没落していく方向性に変化はないでしょう。しかし、メディアの生態系という観点からすれば、それぞれのメディアのそうした相互依存関係をきちんと見る必要があるのです。

メディアによって異なるニュース価値

ネットに存在するさまざまなメディアを組み合わせて利用する際には、それぞれの役割を認識しておく必要があるでしょう。

まず意識しなければならないのはそれぞれの媒体にとっての「ニュース価値」の違いです。ニュース価値とは、それぞれのメディアがニュースの重みをどのように評価するかという基準の違いをさします。

例えば新聞社はニュースの扱いを判断する際に社会的影響の大きさを重視する傾向がありま す。このため、新聞社が運営するサイトもそうした価値判断に影響されます。これに対し、ネット専業メディアのサイトは、クリック率を重視する傾向があります。こうしたサイトの経営は、サイトに広告を付け、読者が記事を読むついでに、広告もクリックすることによって広告主から料金を得ることで成り立っています。ですから、なるべくたくさんの読者を惹きつけるようなニュースを大きく扱う必要が出てくるのです。

一方で一般紙は、月極の購読料が収益の中心になっています。読者を獲得すれば日々の「閲読率」に左右されずに経営できます。もちろん紙面に掲載する広告や、広告付きの自社サイトで収益をあげていることも事実です。しかしざっくり半分は読者からの購読料によって占められているので、一部の読者しか読まないような記事であっても載せることができるのです。

裏返せば、スポーツ紙のように、コンビニや鉄道駅の売店などで売られているタイプの新聞は、ネットやテレビのように「その日に売れるかどうか」が勝負なので、人目をひくようなネタを好みます。見出しも通りがかりの人が目をとめるように、大げさな表現や、ときには誤認を誘うような言葉を使うことが多いのです。

メディアのビジネスモデルを読む

このように、どのようなニュースを大きく扱うかという判断をする際には、そのメディアの収益構造が大きく影響します。ですから、メディアを使い分けたり、報道の質を見抜いたりする際には、そのメディアがどのようなビジネスモデルで成り立っているかというのは、実は重要な情報なのです。

メディアの生態系の中でそれぞれが果たしている役割と棲み分けについても、意識しておく必要があるでしょう。私たちはメディアとか、マスコミとかいうふうにさまざまなメディアをひとくくりにして語りがちです。また、新聞とテレビとか、新聞とネットというふうに、異なる特徴を持つ媒体を、同じ基準で評価しようとすることもあります。

すでに述べたように、「新聞は週刊誌が書くようなニュースを載せないではないか」という批判がありますが、これは「新聞が劣っている」ということでは必ずしもなく、新聞と週刊誌がその役割を分担し棲み分けていることが理由なのです。

では具体的にそれぞれのメディアはどのような役割分担をしているのでしょうか。

新聞やテレビなどの既存メディアは、一次情報の取得やその速報の面で、ネットの中でも大きな役割を果たしています。テレビはともかく、新聞に関しては、速報性の面で大きく出遅れているメディアです。しかし、それは紙に印刷して配るという物理的な制約を受けていたからにすぎません。

新聞社が全国に配置している記者の数は間違いなくテレビや週刊誌、ネットメディアを圧倒的に上回っています。ですから事件や事故などに対する対応力の面では、今でも新聞社はメディアの中で大きな優位性を保っているのです。

新聞はネットという新しい情報配信ルートを得たことで、速報性の面でも他のメディアと互角に戦えるようになっています。ですから様々なニュースの第一報は、今でもそのほとんどを新聞が占めているのが実情です。

取材網がそれだけしっかりしているということは、カバーしているニュースの範囲も広いということです。その意味では、ネットが中心になってからも、報道の世界では未だに新聞が中心的な役割を果たしていることは間違いありません。

そして、それを補うように、映像メディアであるテレビが存在しています。テレビも、インターネットという媒体を手にしたことで新しい可能性を切り開いたメディアの一つです。テレビは放送枠が決まっているので、かつてはニュースを報道するのは朝・昼・夕といった決まった時間だけでした。テロップによる速報や、番組を差し替えての緊急放送は可能なので、朝刊と夕刊しかない新聞に比べれば速報性は高かったものの、原則としてニュースの発生時や自分たちが取材で得た段階では、すぐに報じることはできなかったのです。

しかしネットという媒体を手にしたことで、テレビの速報性も確実に向上しました。さらに、動画だけでなく、それを新聞などと同じようにテキスト情報として流すことも可能になりました。実際にネット上で流れているニュースの第一報が、どの媒体によってなされていたのかを検証すれば、新聞の次にテレビが占めていることがわかるでしょう。

キュレーションメディアの果たす役割

これに対してキュレーションメディアというものはどんな役割を果たしているのでしょうか。こうしたメディアが果たしている役割は、情報の取捨選択です。ネットという一つの空間の中に新聞、テレビ、個人といった多様な情報発信主体が同居するようになり、それぞれの利用者が自分に必要な情報だけを選び取ることがどんどん困難になってきました。そうした中で、一人一人のニーズに合った情報だけを効率よく集めて見せる、キュレーションメディアのニーズが高まっているのです。

例えばニュースを必要としている人でも、その分野には偏りがあります。政治ニュースに強い興味を持っている人もいれば、そうしたニュースに全く興味がなく、芸能ニュースだけを知りたいという人もいるわけです。

そうしたニュースを報じる媒体はネット上に無数にあります。自分で検索して自分が必要としている情報だけを集めるには時間がかかりすぎるのです。こうした不便を解消するツールとして、自分が関心を持っている分野の情報を専門的に集めてくれるキュレーションサービスは、非常に便利なのです。

テレビや新聞といった既存メディアは、もともとこのキュレーションサイトと同じような役割を果たしていました。世の中に無数にあるニュースの中からそれぞれが抱えている主要顧客のニーズに合った情報を選び出して編集していたからです。日経新聞であれば、ビジネスパーソンが好みそうなニュースを集めて報じるわけです。しかし、こうした役割は、今やキュレーションサイトに取って代わられつつあります。既存メディアがインターネット登場以降、顧客離れに苦しんでいるのも、そうした役割の転換によるものだといえるでしょう。

解説、論評、議論に特化するネット専業メディア

これらに対してネット専業メディアは、ニュースの解説や論評、議論の場の提供に特化しています。もちろんストレートニュースや速報、スクープを掲載しているケースもないわけではありません。しかし、新聞やテレビなどの既存メディア勢力に比べれば、そうした第一報を放つ役割というのは限定的です。むしろ、そうした第一報や速報を受けて、そのニュースが持つ意味やそのニュースに対する人々の反応、様々な主張や論評を掲載することに力を入れている

のです。

ここからわかるように、ネット専業メディアの多くはキュレーションメディアと同様、新聞やテレビといった既存メディアの存在を前提としています。こうした新興メディアが自前の取材網を既存メディアのレベルまで広げることは容易ではないでしょう。もちろん、米ハフィントンポストのように、社会的にインパクトのある調査報道を手掛ける時代はすぐにやってくると思います。しかし、きめ細かい取材網を運営して幅広い分野のニュースを収集する体制はコスト的にハードルが高いはずです。そうであれば、こうしたメディアは新聞やテレビといった既存メディアの競合相手であるという側面はある一方、そうしたメディアが存在することによって初めて役割を果たすことができる媒体でもあるのです。これが先に述べたメディアの生態系における相互依存や競合の意味です。

ネット上では、マスメディアに加え、SNSの存在も考える必要があるでしょう。SNSは主に個人やマスメディアではない企業による情報発信を担っています。こうしたメディアは報道を手掛けているわけではないものの、報道を補完したり、それぞれのニュースに対する個人の反応を可視化したりする役割を果たし始めています。

例えば、既存メディアがあまり注目していない記事でも、SNSで拡散されて議論が盛り上がれば、実は読者の関心が高いニュースだということがわかります。いわば、テレビにおける視聴率のような役割を果たしているのです。リアルタイムで読者の反応を知ることは、紙の新聞や雑誌には不可能でした。その意味では、こうしたSNSによる読者の反応の可視化は紙媒体の報道姿勢にも影響を与えていくでしょう。

また、事件や事故の発生時には、プロのジャーナリストが到着する前に、一般の人が写真や動画、状況の説明を書き込むことによって、第一報を伝える役目も果たしつつあります。先ほどネット専業メディアが新聞やテレビを基盤に成り立っているという説明をしましたが、こうした一部の分野においては、SNSを既存メディアの第一報代わりに使うことによって、ニュースの取材や論評を手掛けるという道が開けつつあるとも言えるでしょう。

信頼性の高いメディアの利用が望ましい

こうした特徴を踏まえれば、ニュースをいち早く得たい場合には、新聞やテレビといった既存メディアの情報を中心に利用するのが現実的でしょう。ただし、そうしたメディアが持っている自社サイトから情報を得る人は現実にはそれほどいないかもしれません。実際には、テレビや新聞が発している情報をキュレーションサイトや、ツイッターなどのSNS経由で見る人が大半だと思います。

少なくとも、こうした既存メディアの情報は、個人がSNSなどで発信しているものに比べれば信頼性が高い情報です。デマに惑わされないためにも、第一報はこうした信頼がおけるメディアを利用するのが望ましいでしょう。SNSなどの情報を見て行動する際も、鵜呑みにする前に既存メディアが報じているかどうかをチェックする習慣をつけておいたほうがいいでしょう。

たくさんの情報を、自分のニーズに合った形で取り入れるためのツールがキュレーションメディアです。繰り返しになりますが、こうしたツールによって、私たちは自分が興味を持っている情報を選択的に手に入れることができるようになりました。

特にスマートフォンのアプリを利用すれば、自分の信頼しているメディアや、自分が興味のある分野を設定の段階で絞り込むことにより、情報を効率よく取り込むことができます。こうしたサービスは既存のマスメディアだけではなく、影響力のある個人や有識者のブログもカバーしています。そうした情報を合わせて取得することで、情報の検証や深い理解が促進されるはずです。

ただし、こうしたサイトやアプリを利用する際に気をつけておきたいこともあります。それは情報が偏りがちになるということです。インターネットの利便性の一つは、検索などによって自分のほしい情報を選択的に集めることができるという点にあります。しかしこのことは、一方で自分が興味を持っていない情報を排除してしまうリスクも内包していると言っていいでしょう。

もちろん、新聞を毎日読んでいれば偏りのない情報が手に入れられるというものではありません。新聞を取っている人でも、政治面や経済面をほとんど読まないという人は少なくないでしょう。人間はどんなメディアを利用しようと、やはり自分の興味のある情報を選択的に摂取するものだからです。

とはいえ、ネットの場合には既存メディア以上にそうした傾向を促す側面があることも事実です。こうしたフィルターを使って情報を集める場合には、常に自分がそうした視野狭窄に陥るリスクがあるということを自覚しておいた方がいいでしょう。時には、紙の新聞やテレビのニュースに目を通すことは、やはり重要なのです。

ネット専業メディアは第一報を読んだうえで

ネット専業メディアを利用する場合は、記事の前提となっている既存メディアなどの第一報を遡って確認する習慣をつけるべきでしょう。新聞やテレビといったストレートニュース主体のメディアをフォローしておく必要があるのです。

すでに述べたようにネット専業メディアの多くは、論評や議論の紹介、解説に力を入れています。掲載される記事の多くは、すでに読者が別のメディアで第一報を読んでいるということを前提として書かれているのです。

こうした第一報の内容は、もちろん既存メディアを見た個人によってもSNSなどで発信されているでしょう。しかし、そうした情報は個人の解釈によって歪んでいる可能性があります。簡単に言うと、伝言ゲームによってニュアンスや事実関係がゆがんでいるケースがよくあるのです。

ですから、こうしたサイトを見る際、自分がまだ知らないニュースについて書かれている場合は、面倒でも第一報を探して、そこにどう書かれているのかを確認する姿勢が求められます。

ニュースやその解説などを読んだ上で、それに対する自分の意見を公表したり、誰かとその問題について議論したりするときに使われるのがSNSです。こうした機能は、かつては新聞であれば投書欄が果たしていました。しかしそこで紹介されていたのは、非常に限られた数の意見ですし、リアルタイムで議論をするには全く向いていませんでした。

それがインターネットの登場によって、距離や社会的な属性を超えて意見交換ができるようになりました。SNSが広がったことによって、そうした議論や意見表明はどんどん手軽になっています。社会問題について理解を深める上でこうした機能を利用しない手はないでしょう。

ただし後の章で述べるように、こうした意見表明は責任も伴います。誰かに意見を表明したり議論したりする際には意見の衝突が生じたり、誤解によってトラブルが起きたり、不用意な発言によって誰かの気持ちや人権を傷つけてしまったりする可能性もないわけではありません。

また、情報発信の方法によっては、自分の個人情報が知られたくない人に知られてしまうといったリスクもあります。書き込みなどをする際には、十分な注意が必要なのです。

10 裏を取る

新聞記者になって初めにたたき込まれたのは、裏を取るという作業の重要性でした。

「裏を取る」とは、自分が得た情報を、別の確かな情報によって裏付け、確認することを意味します。例えば新聞では、誰かに取材して聞いた話をそのまま書くことは許されません。基本的には、相手が言ったことが正しいかどうかを別の信頼できる資料や人の証言によって確認して、初めて書くことができるのです。

そうした裏付け作業は、一般の人が考えるよりずっと慎重に行われています。新聞記者が役所や警察、専門家などに幅広いネットワークを作るのは、ニュースのネタを集めるためだけではなく、そうした裏付け情報を得るためのベースを作るためだといっても過言ではありません。取材の難しさというのは、情報を集めたり、掘り出したりすること以上に、この裏付け作業の難しさにあるといっていいでしょう。

新聞記者の裏の取り方というのは、おそらく一般の人から見ると丁寧を通り越して偏執的に見えるはずです。例えば、企業や役所が出したプレスリリースを読んだだけで記事を書くことは、原則としてありません。そこに記載されている番号に電話をかけ、広報担当者などに細かい点を確認したり、リリースに書かれていない情報を少しでも聞き出そうとしたりします。

一般的な感覚で言えば、「企業などが公的に出した書類なのだからそのまま信じて記事にすればいいのではないか」と思うでしょう。広報担当者も記者との付き合いがあまりない人なら、「なぜ書いていることをわざわざ確認するのか」と思うはずです。実際、明らかに相手がイライラしているのを感じることもしばしばです。

しかし、何回かに一度は、こうした取材によって、発信者がごまかしていた情報や、そのまま書くと読者に誤解を与えかねない表現が混じっていることに気づきます。だから、時間の無駄のように見えてもこの作業は安易に省略してはいけないのです。

記者がしている裏取りの様子を詳しく知りたい人は、新聞社を舞台にした小説『ミッドナイト・ジャーナル』（本城雅人、講談社）を読むと具体的な雰囲気がわかるでしょう。この作品のエピローグに、ベテラン記者が、ありふれた交通事故の原稿を書いた新人に、何度も取材をやり直させるシーンが出てきます。一見すると不条理、不合理でいじめにも見えるのですが、実は私も含め、大半の新聞記者が新人時代に経験する「指導」です。おそらく、記者だった作者も、若い頃にその洗礼を浴びたのでしょう。

こうした作業の大切さは、インターネットでの情報収集についても言えます。

検索サイトが進化した現在では、インターネットの中から狙った情報を見つけ出すことは、さほど難しくないでしょう。

しかしそうして得た情報が本当に信じるに足るものなのかを検証する作業というのは、実はそう簡単なことではありません。それにはまず、どういう情報は信じて良いのか、どういう情報であれば裏付けに使えるのかを、知っておかなければならないからです。

インターネット情報の裏を取るには

新聞記者であれば、信頼に足る情報源を持っているものです。裏を取るには一つの情報源だけでは不十分なこともありますが、長年のカンでどんな資料を組み合わせれば適切に判断できるかを知っているものです。しかし、一般の人にそうした人脈や資料の知識があるわけではないでしょう。

では、一般の人がインターネットから得た情報の裏を取るにはどうすればいいのでしょうか。

それにはまず、信頼できる資料がどんなものかを知ることです。私の経験から、とりあえず書かれている「事実部分」については信用してもよいと思える資料について挙げておきましょう。これは、新聞記者の間でもおおむね正確だと考えられている資料だと思ってください。

1　役所や公的機関の作成した文書

2　金融機関や大手シンクタンクの作成した資料

3　一般紙の新聞記事
4　学術書や学術論文
5　版を重ね、専門家にも引用されている書籍

役所や金融機関の文書や、新聞記事が信用に足ると聞くと、鼻白む人が多いかもしれません。むしろ近年では、こうした機関が発する情報こそ、信頼性を疑われているからです。

私もこうした情報を全面的に信頼し、鵜呑みにせよと言っているわけではありません。裏を取るときは複数の資料や発言を組み合わせて判断するのが原則ですし、こうした機関が間違いを犯さないというわけでもありません。

ただ、こうした機関の情報は、「事実（ファクト）部分」の正確性については組織的なチェックを経て発表されている場合がほとんどです。相対的に、個人の思い込みによる記述ミスが起きにくいのです。

別の言い方をすれば、こうした機関が発信している情報が「中立公平だ」とか「偏っていない」というわけではありません。例えば、ある結論を導くために、都合のいい事例ばかりを選んでいたり、事実関係の「評価」に政治的な偏りがあったりすることは珍しくありません。

しかし「ある出来事が何年に起きたのか」といった事実は、ものの見方や立場によって変化するものではありません。こうした記述を読む上で怖いのは、解釈や偏見によって書き方が変

わることではなく、単純に発信者が間違えることです。個人が私的に書いた文章では、こうしたミスは頻繁に起きますが、大きな組織が作る文書は、こうした間違いを起こさないよう、チェック体制を整えているものです。しかし、言い換えればこうした資料を裏付けに使う際も、使うのは「事実」の部分に限った方がいいでしょう。解釈の余地がある「評価」部分を使う際には、その機関の政治的立場などを踏まえ、割り引いて読んだ方がいいということになります。

もちろん、こうした資料の信頼性を根本から疑う姿勢も大切でしょう。疑念がある場合や、正確さをとことん追求する場面では、別の資料にあたって検証してみる必要があります。

信頼できる情報源の基準

信頼できる資料や信頼できる情報源を選ぶ際の基準についても述べておきましょう。繰り返しになりますが、文章を発表するまでに複数の人が目を通しているかどうかというのが基準の第一です。

その意味で、役所の文章というのは必ず複数の人のチェックを経て発表されます。これは金融機関や大手のシンクタンクでも同じです。こうした組織というのは官僚制に基づいて運営されています。ただし、ここでいう官僚制は、いわゆる「役所の組織形態」だけを指すのではありません。大企業など大きな組織であれば、多かれ少なかれ決まった指揮命令系統が存在し、構成員はあらかじめ決められた業務権限に基づいて仕事をしています。こうした組織では個人の勝手な判断でプロジェクトが動かないよう、権限が異なる複数の人が意思決定や組織運営などに関わる形になっています。

ですから、文書を作成する際も、権限はその構成員に分散されているのが普通です。たとえ筆者は一人でも、その原稿を公表するまでには複数の上司の承認や会議での検討が必要な制度になっています。

間違ったデータや記述が紛れ込んでいても、大抵はこうした過程で修正されます。中立性を欠いていたり、組織の見解に反すると判断されたりした情報についても修正が加えられます。言い換えれば、玉石混淆の「生の情報」ではなく、標準化や選別、整理が加えられた情報だけが発表されるわけです。

こうした情報は、実際に検証してみても比較的信頼性が高いことがわかります。新聞記者がこうした資料を信用するのは、別に役所や金融機関、アカデミズムの人たちの性格を信頼しているからではありません。裏取りに利用し、検証していく中で、他の資料に比べ間違いが少ないことを経験則として知っているからです。

別の観点からも、こうした資料の信用性が高いことを理解することができるかもしれません。それは、「間違っていた」場合に、ニュースとして報じられるということです。

例えば、個人が書いたブログの内容に事実誤認があっても、新聞沙汰になることはまずありません。中小企業が発表した商品の説明に間違いが見つかった場合でも同じでしょう。

しかし、新聞がデータを間違えれば訂正記事の対象となりますし、その内容が社会に大きな影響を与えた場合には、他のマスメディアがニュースにします。公的機関の場合も同じです。役所が発表した統計が間違っていた場合は、マスメディアがニュースとして取り上げます。

ニュース価値があるということは、それだけ間違いが珍しいということの裏返しです。しかし、ニュースになると、一般の人の記憶に残ります。役所が間違えたとか、新聞が誤報を出したといったニュースは最近特によく目にするようになりました。しかしそれは、そうしたミスの「ニュース価値」が上がったことは意味するものの、間違いが増えたということは必ずしも意味しません。むしろ、「ニュースになるほど事例が少ない」というのが事実なのです。

これは何も、私が新聞社に勤めていたから古巣を擁護しているわけではありません。私自身、報道に携わる中で新聞がたくさん間違いを犯すことはよく知っています。役所の資料や統計が間違うことがあるのも重々承知の上です。しかし100%信用できる資料というものがない以上は、「よりまし」な資料に基づいて情報を検証する必要があります。その際は、先に挙げたような資料が「相対的には」間違いが少なく信頼できるのです。

ウィキペディアにも誤った情報が

では、ネットにある情報のうち、次の2つはどうでしょう。

・学者など専門家の書いた実名のブログ
・ウィキペディア

先に挙げた5つの文書は、一定のルールに基づいて書かれています。例えば発表するまでの手続きが決まっていたり、チェック体制が整っていたりします。

一方、ブログは個人が書くもので、そうしたルールはありません。自分の思い込みや、不確かなデータに基づいて書かれているリスクが高いといっていいでしょう。

しかし、アカデミズムに属する専門家が実名で書いているものであれば、ある程度、信用してもいいでしょう。なぜなら、学者などの間には、主張をしたり、データや資料を扱ったりする際、一定の「業界ルール」が存在します。例えば論証には専門家の間で認められた資料しか使わないとか、それらを引用する場合も検証がしやすい表記をするといった慣習です。

この点は、「素人」が執筆に参加するウィキペディアでも同じです。ウィキペディアの場合は専門家集団の暗黙のルールの代わりに、ウィキペディア自身が情報の信頼性を担保するために様々なルールを設けています。このため、公的機関などが作った文書ほどの信頼性はないものの、一定の信頼性は確保できていると考えられます。

ただし、よく使う人は気づいていると思いますが、ウィキペディアにも少なからず間違いや不確かな情報が含まれています。実際にウィキペディア自身が、記述の一部に対し「出典が明らかでない」とか「疑義が寄せられている」といった情報を開示しています。しかし、これは最低限の検証は受けていることの裏返しでもあります。むしろ、こうした正確性についての限界がきちんと開示されていることが、「正確性」とは違った意味での「信頼性」を担保しているといってもいいでしょう。

とはいえ、マスコミの世界ではウィキペディアは「裏取り」には使われません。例えば、日経新聞では、社内の通達などで明確に禁じられていました。取材のきっかけなどとして「参考」にすることはあっても、基本的には信用できないと見なされていたのです。

実際、締め切りが迫って時間がないため、ついついウィキペディア情報を利用して記事を書いたために、誤報を出してしまうというケースは年間1～2件は耳にしました。こうした反則をすると、記者としての信用を失ってしまいます。ちょっとした調べ物をするときには便利なサイトですが、仕事などで使う際には注意が必要でしょう。

複数の情報源で確認を

個人がインターネットの情報を検証する上では、ここで挙げたような資料を複数使い、情報の信頼性を確かめる必要があります。ただし、これは口で言うほど簡単なことでもありません。例えば、先に信頼性が高い資料の例として挙げた役所の文書は、素人が読んでもわからない場合があります。いわゆるお役所言葉で書かれているからです。

仮に日本語としてなんとなく意味が理解できても、役所が特定の言葉に特定の意味を持たせて使っている場合があるので注意が必要です。さらに、文法上の構造をうまく利用し、一読しただけでは真意が伝わりにくいように書くケースも少なくありません。一般の人には意味が通じないケースが多いため、しばしば「霞が関文学」「日銀文学」と揶揄されるほどです。

ニュースになった事例で言えば、2006年に商工組合中央金庫や日本政策投資銀行といった政府系金融機関の民営化が問題になった際の「に」問題が有名でしょう。当時、官僚の政府系機関への天下りや、影響力の行使を排除するため、政府が保有株式をすべて売却し、根拠法も廃止する「完全民営化」を目指す方向で議論が進んでいました。このとき、官僚が作成した、民営化に必要な法案の素案に入っていた「完全に民営化」という表現が物議を醸したのです。

一般的な感覚からすれば、「完全民営化」と「完全に民営化」では、意味に違いはありません。しかし、霞が関ルールでは、「に」という一文字が入るだけで、根拠法が残ってもいいという解釈になるのだそうです。これは、中央官庁で長らく務めていない限り、まず理解できません。暗号で書かれているのと同じで、普通に読んでもわからない裏の意味が隠されている可能性があるのです。

そこで新聞記事と組み合わせて読むことが重要になります。霞が関や日銀を長く取材している記者なら、こうした「文学」をある程度、読みこなすことができます。仮にそうでなくても、正しい解釈を教えてくれる取材源は確保しているものです。一般の人にもわかる言葉や表現に「翻訳」して原稿を書くのです。ですから、いきなり官僚が書いた文章を読むより、あらかじめ新聞記者による「翻訳」を読んで大意やポイントをつかんでからの方が、ずっと正確で効率もいいのです。

信頼性の低い情報の見分け方

では逆に、「裏取り」には向かない資料というのはどういうものなのでしょうか。情報の信頼性を判断したり、引用したりする際に気をつけた方がいいのは、言うまでもなく、一般の個人が発信している情報です。

例えば、個人ブログやSNSのコメントは、他人の意見を知るためには有用ですが、何かの裏付けをするには不適切です。こうした情報は間違っていても訂正されないことが多く、発信した本人も信頼性を担保しなければいけないという義務感を強く感じているわけではないからです。

もちろん、こうしたものにも重要な情報が含まれている場合があります。とくに、世間の幅広い意見を知ろうと思えば、こうしたツールを最大限に活用する必要があるのは事実でしょう。ただ、一見すると説得力がある主張や意見であっても、それが正確な事実やデータに基づいているかは、疑ってみる必要があります。

具体的には、本人が根拠としてあげているデータや資料に実際に当たってみて、その内容が信頼に足るものなのかや、解釈が妥当なのかを確認すべきでしょう。もちろん、その際は可能な限り先に挙げた資料と付き合わせてチェックすべきです。

それに加えて、次のような点にも着目して信頼性を判断したほうがいいでしょう。

1　誤字脱字、こなれない文章があるかどうか
2　ポジショントークの可能性がある人かどうか
3　執筆者や資料の出典が明記されているかどうか

私がネット上の情報を検証する際に注目している基準の一つは、誤字脱字の多さです。誤字や脱字がたくさんある文章というのは、その内容についても疑った方が良いケースが少なくな

いからです。

これは、マスコミの報道にも当てはまります。一般に、新聞記事を読んでいて誤字や脱字を見つけることはあまりありません。それは記者が原稿を書いた後に、何度も読み返してチェックしているからです。

さらに、原稿は必ずデスクという編集者によってチェックされます。整理部や校閲部という別のセクションの記者も目を通し、間違いがあれば指摘します。記事によっては会社の幹部なども読んだ上で記事として発表されるのです。

それだけの人たちがチェックしているので、誤字脱字がそのまま紙面に載るということはあまりありません。同時に、事実関係の間違いや人権侵害を引き起こしかねない表現、無理のある主張についてもチェック機能が働くのです。

裏返せば、誤字脱字がたくさん残っている記事には、そうしたチェックが働いていないことを意味しています。そもそも誤字脱字が残っているということは、書いた本人も注意深く自分の原稿を読み返していないことを意味します。

こうした記事は、新聞社でもネットに流す記事ではけっこうな頻度で見られます。記事を書いて印刷が始まるまでの間にチェックされる「紙向けの原稿」と違い、ネット向けには先に述べたような何重ものチェックを受けないまま、せいぜいデスクが手を入れただけで流されるからです。ですから、新聞社のサイトであっても、ネットに流れる第一報には誤字脱字はもちろん、内容についても間違いが多くなるのです。

ポジショントークになっていないか

次に注目したいのは、書いている人の立場です。どんな人でも、自分に都合の悪いことは書きたくないものです。ですからその人の立場によって書きやすいことと、書きにくいことが生じます。また、何かの主張を展開している文章の場合は、その主張を裏付けるような情報だけが書かれる傾向があります。

自分の都合が良いように情報発信することを、金融の世界ではポジショントークと呼びます。自分がある銘柄の株式を買っている場合、その会社の株が魅力的に見える、あるいは他の株を持つことが不利に見えるような発言をするという意味です。要するに、自分に都合のいいことしか言わないわけで、読んでいる方からすれば信頼性が低いということになるでしょう。

ですから、どういう人や機関が発信している情報かという視点は極めて重要です。例えば、ある企業の商品紹介サイトで自社製品に不利な情報を公開することはほとんどないでしょう。その商品の長所ばかりが強調されているはずです。逆に、自分にとって都合の悪い情報も包み隠さず公表しているケースは、その資料の信頼性が高いことを意味しています。

引用や出典が明記されていない文章も要注意です。根拠について言及するというのはジャーナリズムやアカデミズムの訓練を一定以上受けていなければなかなか難しいものです。きちんと引用や出典を明記している場合は、そうした訓練を最低限受けているということを示唆しています。

もちろんその場合も、信用に足る情報をきちんと引用しているかどうかということは見る必要があるでしょう。しかしいずれにせよ、根拠もなく自分のイメージや思い込みだけで文章を書いている訳ではないということはわかるはずです。

ファクトの信頼度が高いＮＨＫ

以上は文章による資料でした。では動画や映像はどうでしょう。インターネットには文字情報だけではなく映像や音声についてもたくさん情報が流れています。

テレビについて言えば、信用度が高いのはＮＨＫニュースです。これに次ぐのが民放のニュース番組でしょう。ただし、文字情報の部分で説明したのと同じく、信頼性が高いというのはファクトの部分に限ったことです。言い換えれば、中立性が担保されているということまでは意味しません。

ＮＨＫの信頼性が高いのは、何よりもまず記者の数が民放に比べ多いからです。ニュース番組を見ているだけでは気づきませんが、新聞社と民放の記者の数は全く違います。新聞記者だった当時の感覚で言えば、ニュースの速報競争で民放は「ライバル」という感覚はありませんでした。しかし、NHKは新聞社とほぼ同等の陣容です。社員がバラエティーや編成、イベント担当といった様々な部署を渡り歩くことも多い民放に比べ、一貫して「記者」としてキャリアを積んでいくので訓練も行き届いています。新聞記者にとっても「ライバル」でした。

逆に信用度が低いのは、いわゆる情報番組です。例えば民放のバラエティー番組やワイドショーなどは、ニュース番組とは区別して考える必要があるでしょう。

実際それぞれの番組は同じテレビ局であっても担当している人が違います。そして担当している部署によって、情報の取扱い方というのは一般の人が思う以上に大きな違いがあるのです。単純化して言えば、ニュース番組を作っているのはテレビ局で「記者」という肩書きを持った人たちです。こうした人たちは新聞記者のように裏を取るということを重視します。これに対して情報番組を作っている人たちは、面白いかどうか、視聴者の興味を引くかどうかということを最優先に考えます。つまり情報に対するスタンスが大きく異なるのです。ですから、「テレビで言っていた」というだけでは、必ずしも物事を判断する根拠にはなりません。例えばワイドショーで紹介された情報なのであれば、信頼性については割り引いて受け取った方がいいケースがあります。

印象操作や編集の偏りを見極める

これまで述べてきたことは、あくまでも出ているファクトの信頼性についてです。文書でも動画でも、事実について書いた部分と、自分の意見や主張について取り上げている部分は情報の性質が違います。

しかし、信頼性と言う場合には、書かれている事実の確かさだけが問題にされるわけではありません。様々なファクトの中から、それらを中立、公平に選んでいるかや、事実の中で都合のいい部分だけを編集して取り上げていないか、音楽や見せ方によって都合のいい部分だけを目立たせるように編集がされていないか、なども含まれるでしょう。

極端な話、文書や映像に含まれている事実については全て正しくても、自分の都合の良いファクトだけを並べることで現実とは全く離れた主張をしてしまうことだって可能なのです。では、そうした印象操作や偏った編集を見極めるにはどうすればいいのでしょうか。これもメディアリテラシーの重要なテーマのひとつです。

私の経験から言っても、先に挙げた裏づけに使える資料の中で比較的信用度の高いＮＨＫスペシャルでさえ、かなり大胆な編集が行われています。仮にそこで紹介されている映像やデータがすべて正しかったとしても、それを印象だけで受け取ってしまえば判断を誤ることはあり得るのです。

これはニュースについても同じです。新聞の報道やテレビのニュース番組は世の中で起きているすべての情報について取り上げるわけにはいきません。新聞でもその日に掲載できるニュースの分量というのは決まっています。テレビの場合もニュース番組の時間というのは決まっているわけです。

その日起きたニュースの中で何を取り上げ、何を取り上げないかによっても、視聴者や読者が受ける印象は大きく異なるでしょう。例えばテレビが殺人事件や事故といったネガティブなニュースばかり取り上げ、おめでたい話や楽しい話題を取り上げなければ、視聴者はその日は暗い一日だったという印象を持つかもしれません。そうした情報の取捨選択によって、私たちが受ける印象というのは変わってくるものなのです。

悪意や政治的思惑によるものとは限らない

ここで断っておきたいのは、そうした編集や取捨選択がマスコミや発信者の悪意や政治的な思惑だけで決まっているわけではないということです。いったんマスコミ不信に陥ってしまうと、多くの人はそうした編集がすべて悪意に基づいて行われているかのような印象を持ってしまいます。

しかし私の経験からすれば、マスコミはそうした思惑を持ってニュースや情報を編集しているわけではありません。すでに述べたように、限られた枠の中にニュースを詰め込む以上は、何かを選び、何かを捨てるという作業は避けられないものです。そしてどんな基準に基づいてそうした作業を行ったとしても、偏りは必ず生じるのです。

例えば、ある人にとっては中立公平に見えたとしても、別の人の立場からすれば非常に偏った選択に見える場合もあります。ですから、「情報の偏り」を発信者の悪意や陰謀によるものだと決めつけるのは、むしろメディアリテラシー的な観点からいえば危険でさえあります。実際には存在しない悪意や思惑、陰謀といったものを勝手に想定しているからです。

もちろんそうした意図がまったく含まれていない、ということを言いたいわけではありません。ただし重要なことは、情報には必ずそうした偏りや限界があり、仮に発信者が良心的で中立公平を目指したとしても、必ずそうした偏りが生じるのだということなのです。

偏向が生まれる3つのメカニズム

では、そうした偏りはどのようにして発生するのでしょうか。ここでは私の経験に基づいて、その発生メカニズムについて3つのパターンを挙げておきたいと思います。

1　物理的制約

2 政治的思惑

3 編集的動機

物理的制約というのは、先に述べた「字数の限界」と同じ意味で、どんなコンテンツにも「枠」があるということです。新聞記事であれば紙面によって一定の字数制限が存在します。テレビ番組でもそれが何分の番組であるのか、続き物なのか単発なのかなどによって制約を受けます。ネットはそうした制約が比較的ありません。しかし、ネットでもダラダラと長い文章を書いていけば読者に読まれないという恐れが出てきます。

つまり字数制限のないネットであっても、分量について一定の制約が存在するということです。これは編集や情報の偏りが生じる最も大きな要因です。そしてすでに説明したように、それが新聞であってもテレビであっても、あるいはネットであっても、こうした制約を前提とした編集は不可欠になります。

次に政治的思惑について説明しましょう。これは自分や自社の主張に有利な情報を選んだり、編集によって印象づけたりするインセンティブが働くという意味です。例えばリベラル系のメディアであれば、保守系の政治家の発言を批判する人の意見ばかりを取り上げるといった傾向があります。逆にリベラル系の政治家については、好意的な取り上げ方をすることもあるでしょう。もちろん保守系メディアならその逆になります。

こうした偏りは、最近のマスメディアに対する不信の根底にあると思われます。つまり発信する情報を選別することによって、視聴者をある方向に誘導しようとしていると思われているのです。

3つ目は編集的動機です。これは記事や番組の中で主張に整合性を持たせたり、面白さを追求したり、読者や視聴者にインパクトを与えようとしたりすることです。つまりストーリーとしてうまく完結するように、あるいは読者や視聴者が面白いと感じるように、事実を選択したり見せ方を工夫したりしてしまうわけです。

受け手への配慮から生まれるもの

一般に偏向報道として問題になるのは、2の政治的思惑のパターンでしょう。実際、発信者に都合の良い情報だけを編集して残すことによって、大衆を誘導しようとしたり、だまそうとしたりしているという批判はよく聞きます。しかし実は、コンテンツの偏向というのはむしろ3の編集的動機のパターンによって生じることが多いのです。

また2のパターンも、単体で生じると言うよりは1との関係で現れてくる問題である場合がほとんどです。すでに述べたようにコンテンツに物理的、時間的な制限がある場合、限られた事実だけを選択して記事を作るという作業が必要になります。その際に自分たちの意見に近い情報や、自分たちの主張を補完するようなニュースを優先して選んでしまうということなのです。

もし、すべての情報を盛り込むだけの枠があり、読者や視聴者もそれを受け入れるのであれば、こうした偏りは生じにくくなります。言い換えれば、初めから視聴者や読者を誘導したり世論を操作したりしようとしているわけでは必ずしもありません。これは優先順位の問題なのです。

むしろ、一般の人が注意すべきは3のケースです。これはストレートニュースよりも企画物の記事やドキュメンタリー番組などでよく生じる問題です。個人による情報発信はともかく、プロが作るコンテンツにはわかりやすさが求められます。また職業人として、記者や編集者はわかりやすく伝えることにこだわりを持っています。このため、ストーリーの主軸と矛盾するような情報を、省きがちになるのです。これは「自分の主張に都合の悪い情報を隠す」という意味ではありません。むしろ多いのは、ストーリーが複雑になりすぎるとか、受け手を混乱させるといった「配慮」から、情報の取捨選択が行われてしまうのです。

当たり前のことかもしれませんが、大半の社会問題は複雑な背景を抱えているものです。しかしそれを、一定の枠の中でわかりやすく伝えようとすれば、枝葉を切り落とす必要がどうしても出てきます。しかし、見方によっては、実際には存在する事実や意見をあえて無視するということもできます。

もちろん作り手の側も、多様な事実や意見を盛り込んだほうがいいということはわかっている場合がほとんどです。しかし枠がある以上、ある情報を取り上げれば、別の情報を外さなくてはいけなくなります。記者や編集者は、そうしたトレードオフに直面しながらコンテンツを作り、編集をしているものなのです。

おそらく、「そうした操作はせずに、あるがままに伝えてほしい」と思う人も少なくないでしょう。しかし、マスコミは文字通りたくさんの人を対象としたメディアです。多種多様なバックグラウンドを持つ、何十万人、何百万人という人々に情報を伝えるには、一定の単純化は避けて通れません。

その極端な例がワイドショーでしょう。ワイドショーはニュースも取り上げますが、それに対する出演者のコメントやキャスターの説明は、「知識人」と呼ばれる人たちにとっては、あまりにも単純化されすぎていて違和感があるものだと思います。

しかし、ワイドショーという番組は知識人のために作られているわけではありませんし、NHKスペシャルのように知的な刺激を受けたい人を想定しているわけでもありません。昼間の時間帯に、暇つぶしに楽しむためのコンテンツなのです。もちろん、だからといって信頼性が乏しい情報を流していいというわけではないでしょう。しかし出演者のコメントが単純すぎるとか、事実の一面しか取り上げていないと批判するのは、きつい言い方をすればお門違いなのです。

わかりやすさを追求すれば単純化する

ところで、こうした単純化やわかりやすさの追求は、マスコミの間で近年加速しています。その理由は、新聞、テレビなどの「読者離れ」「視聴者離れ」です。かつての顧客を失いつつあるマスメディアにとって、より多くの人に受け入れられるようなコンテンツを作りたいという意識は強まるばかりです。そのためには専門知識のない人にもわかる、しかも面白いコンテンツが求められているのです。

わかりやすくしようとすれば説明が長くなり、その分、紹介できるファクトはどうしても減ってしまいます。例えばマイナス金利のニュースであれば、そもそも日銀の金融政策とは何なのか、これまでどんな政策がとられてきているのかといった知識がなければ、ニュース自体を理解できないでしょう。もしこうしたニュースを専門家だけが必要としているのであれば話は簡単です。ニュースの本質やそうした金融政策に対する様々な主張だけを紹介すればいいからです。

しかし、専門家ではない人の多くは、そうした前提知識がないまま、ニュースを読んだり、見たりしているものです。こうした人たちにニュースの本質を伝えるには、マイナス金利が導入されたというファクトに加え、そもそも日銀や金融政策とは何なのかといった、基礎的な説明をする必要があるのです。しかし、記事や番組に制約がある以上、そうした説明部分を詳しくするほど、マイナス金利それ自体に対する説明や、それに対する専門家の意見の部分を削らざるをえなくなります。

わかりやすい形に情報発信の姿を変えていくというのは、ニーズに合ったものでしょう。しかし一方で、そうした努力をすればするほど、情報には偏りが生じ、単純化も進んでしまうのです。結果として、深みのある報道を求めている人にとっては物足りない、もしくは腹立たしい内容になってしまうのです。これは誰が悪いといった話ではなくて、報道というものが持つ宿命のようなものかもしれません。

11

「裏」情報の罠

ネットを主な情報源にしている人にその理由を聞くと、「マスコミが流していない裏情報が読めるから」という答えが返ってくることがあります。確かに「2ちゃんねる」などの掲示板では、事情通を匂わせる人たちの書き込みを目にします。「メディアは隠しているが、事件の真相はこうだ」といった情報は刺激的で面白いし、後で正確だったことがわかって評判になることもあります。

私たちはこうした情報と、どうつきあえばいいのでしょう。

かつてこの手の情報は「怪文書」「紙爆弾」などと呼ばれ、文字通り紙で配られていました。匿名で組織内の問題を告発したり、特定の人物を中傷したりする内容が多く、主にマスコミに送りつけられます。それが最近では時流に乗って「電子化」されているわけです。

さて、新聞記者などのジャーナリストはこうした情報をどう扱っているのでしょうか。私も新聞社にいたころには、ときどき怪文書を受け取っていました。企業や役所で怪文書が出回っていると聞けば、いろいろなルートを使って手に入れていたものです。

ただ、新聞記者の場合、怪文書を情報源として信頼しているわけではありません。他社との競争上、自分だけが持っていないと不利なので集めてはいますが、基本的なスタンスは「念のため裏をとる」でした。要するに、信頼性は極めて低いとみなしているのです。

実際、私が知っている範囲で、こうした情報が「大スクープ」に結びついた例はありませんでした。ただ、「こういうものが出回り始めたということは、組織内の対立が激しくなってきたな」といった判断材料にはなります。「不穏な噂が出回っているので事情を聞きたい」と言えば首脳や幹部への取材の口実になるので、利用価値もそれなりにありました。

ほとんどはデマや根拠のない噂の類

裏返せば、書かれている情報の信頼性はその程度のものです。ばらまいている人の実態は想像するしかありませんが、基本的には2つだと思われます。誰かを陥れたいか、物事を自分の思った方向に動かしたいのです。

例えば左遷されたことを恨んだ人が上司に関するネガティブ情報を流したり、自分に都合が悪い取引を阻止するために商品についての悪い噂を流したりするわけです。もしマスコミがそれを取り上げれば実際にダメージになるし、そこまでいかなくても記者が裏をとるために嗅ぎ回れば、ターゲットに対する無言の圧力になります。

怪文書の文面は、ほとんどの場合、「義憤に駆られて告発した」という書き方になっています。

ただし、本当に組織を良くする意思があり、マスコミが報じるに足ると判断するような情報を持っている人が、こうした手段を選ぶことは稀です。そうしたケースでは、記者や報道機関に実名で接触してくるものだからです。

実際に怪文書の内容を精査すると、ほとんどはデマや根拠のない噂、言いがかりの類です。一方で、100％作り話というケースはあまりありません。ところどころ、内部の人しか知り得ない事実も含まれています。そうしなければ、記者にホンモノの情報だと思わせることができないからでしょう。

「2ちゃんねる」などに流れる電子版の怪文書も扱いは同じでした。企業で内紛が起きているときなどは、記者もネット上の情報を漁ります。そして、それなりに信憑性がありそうなものについては、本当かどうかを関係者に直接当たって確かめます。

そういう経験を経てわかったのは、「紙」の場合と同じく、大半が報道機関にとってはあまり価値がない情報だということです。イメージとしては、たくさんの書き込みの中でそれなりに重要な真実を含んでいるものが数％で、その書き込みも真実が描かれている部分は2～3割という感じでしょうか。そして、その場合でもスクープに結びつくような情報には残念ながらお目にかかれませんでした。

しかも、そうした相場観が持てるのは、実際に情報の裏をとる手立てを持っているからです。記者でも、自分が担当していない分野については、どの情報が真実を含んでいるのか見当もつきません。

「もっともらしい意見」に注意

ネットの裏情報の取り扱いが難しいのは、多くの場合「もっともらしいこと」が書かれているからです。要するに嘘の情報であっても、つじつまは合ううえに面白いので、ついつい信じたくなるわけです。

しかし重要なのは、「つじつまが合うからといって信頼性が高いわけではない」ということです。これはネットに限らず、情報を分析する際には忘れてはならないポイントです。

人間の心理とは面白いもので、まったく関係ないものでもつなげて意味を見出す傾向が備わっています。ロールシャッハテストという、単なる「シミ」を見せて何が見えるかを問う実験があります。本当は偶然できた無意味な模様でも、人はそこに人の顔や風景を見出してしまいます。月面にランダムにできたクレーターの影が、昔の人には餅つきをするうさぎに見えたのと同じ認知メカニズムでしょう。

ネットにニセ情報を流す人には、本人の推理を世間に認めてもらいたくて披露するタイプがいます。しかし、ほとんどが推理というより「陰謀論」か「思い過ごし」です。

これはネットに限ったことではありません。

古い話ですが、１９９７年に神戸市で連続児童殺傷事件が発生しました。加害者の元少年は、２０１５年に手記を発表するなどしたため、当時を生々しく思い出した人も多いと思います。

この事件で、少年がまだ捕まっていない段階で、テレビのワイドショーは様々な分野の「専門家」をスタジオに呼んで、犯人像や事件の背景を推理させていました。メモや録画をしていないので、以下は私の記憶に基づいていますが、このときも数え切れないほど多くの「もっともらしい推理」が披露されたのを覚えています。

例えば、男児殺害の舞台となった通称「タンク山」や、男児の頭部が中学校に置かれていたことなどを結びつけ、「犯人は酒呑童子の伝説をモチーフに事件を起こしている」といった推理もありました。こうした国内外の物語と事件を重ね合わせる識者は他にもいて、それがことごとく「もっともらしい」のです。

しかし、実際に犯人が捕まり、事件の全容がわかると、そうした推理が全くの的外れだったことがわかりました。きつい言い方をすれば、すべて陰謀論の類だったのです。

現実は因果関係にさほど支配されていない

記者になってからは、私自身が関わった報道について、ネットで「あの記事が書かれた背景」なるものについて目にすることが何度もありました。「あの役所のリークで、狙いはある政治家の追い落としだ」とか、「あのM&A案件を邪魔するのが目的だ」などといったものです。面白いのは、どれも全く的外れなのに、実情にくわしくない第三者が読めば信じるだろうと思える程度の説得力はあるということです。

とくに多かったのは、因果関係や目的についての推測を元にしたデマでした。例えば、ある役所を舞台にした騒動が重大局面を迎えた時に、別の全く関係のない事件が発覚して報道の軸足がそちらに移っていく、といったケースで、「これは最初の騒動から目をそらすための陰謀だ」といった推理がネットに登場するわけです。

実際に事件を追いかけていて記事にする側からすれば、単なる偶然だとわかっていますが、一般の人は「タイミングが良すぎる」「何かつながっているにちがいない」と思うわけです。実際、取材して真相を知っている方も、「事実は小説より奇なり」だなあと感心することがしばしばありました。現実は偶然の積み重ねであり、私たちが想像するほど因果関係に支配されていない、ということかもしれません。

ネットの裏情報にせよ、マスコミ情報にせよ、重要なのは「ファクト」に注目するということです。新聞情報でも、一つの記事には「事実」や「推測」「意見」が同居しています。そのうち、信頼していいのは「事実」だけです。例えば、紹介されている統計データや出来事は、新聞の場合は間違っていることは稀です。書かれているのはたくさんあるデータや事実のうち、ほんの一部だけだということは意識する必要がありますが、その「裏を取る」のは一般の人には時間の無駄でしょう。

一方で、「～とみられる」「～になりそうだ」などと書かれる推測や、「～すべきだ」といった意見は、割り引いて受け取る必要があります。ネットの裏情報よりは信頼性が高いかもしれませんが、しょせんは記者の推測にすぎないからです。

その意味で、米大統領選挙でドナルド・トランプ氏がヒラリー・クリントン氏を破った「番狂わせ」は、貴重な教訓を含んでいます。この時、米国はもちろん、日本を含む外国メディアも「ヒラリー氏が当選する」という前提で記事を書いていました。このため、選挙結果が明らかになると、予想を外したメディアは市民の非難や嘲笑を浴びることになりました。

しかし、調査機関などがネットで発表していた世論調査や勝敗予想は、一般の人が持った印象ほど現実からかけ離れていたわけではないように思います。

米メディアがネガティブキャンペーンを展開し、次々にトランプ氏のスキャンダルを暴く中にあっても、同氏の支持率は底堅く推移していたからです。勝率を統計的に予測するサイトでも、トランプ氏の勝率は30～40％台でした。それはヒラリー氏が有利なことを表してはいても、裏返せば3回に1回は負ける可能性がある、ということでもあります。普通は、プロ野球の試合で3割バッターがヒットを打っても驚く人はいないでしょう。

つまり問題の本質は、主要メディアの調査や予測があてにならなかった、ということでは必ずしもないのです。それらのデータは、負けたヒラリー氏の得票数が３００万も多かったことからもわかるように、それほど的外れだったわけではなかったからです。

おそらく問題だったのは、メディアやジャーナリストの、データを見る目が曇っていた、ということです。おそらく、「トランプ氏には当選してほしくない」「トランプ氏が勝つなど認めがたい」といった心理が、虚心坦懐に現実を見つめることを妨げたのです。実際、新聞やテレビが報じるデータだけに注目していた人の間では、直前に「たぶんヒラリーが勝つが、トランプが勝ってもまったく驚きはない」という声が増えていました。本来は、メディアもそのように報じるべきだったし、そうしていればこれほどの醜態は晒さずにすんだはずです。

12

教材としての「紙媒体」

新聞や書籍など紙媒体で提供されていたコンテンツがどんどん電子化され、ネットで読めるようになりました。では、紙媒体は時代遅れで無用の長物になってしまったのでしょうか。私はそうは思いません。逆説的ですが、ネット情報を本格的に活用したいなら、まず「紙」で基礎を学ぶべきではないかと思うからです。

もちろん10年、20年先には、そもそも紙媒体がこの世から消えているかもしれません。しかし、少なくとも現在は「紙から電子への移行期」だということを忘れてはなりません。ネット上のコンテンツの多くは、今でも新聞やテレビといった従来型の媒体の技術と文化をベースに作られています。裏返せば、ネット情報を深いレベルで読み解くには、元になっている媒体の特徴をきちんと理解しておく必要があるのです。

ニュース記事は、その代表例です。

報道の世界でも、ネットの普及に伴って新しい業態が誕生しつつあります。ネット上で公開されている情報を様々な媒体から集め、ユーザーの好みやニーズに合うものをまとめて提供するキュレーションサービスもその一つです。美術館などの特別展を企画し、テーマに応じて展示物を選ぶ人を「キュレーター」と呼びますが、ネット上でこの役割を果たしているわけです。

スマホでニュースを読むだけでは身にならない

例えばヤフーニュースを開くと新聞やテレビ、個人ブログなど、様々な媒体に掲載された記事をまとめて読むことができます。「テクノロジー」「スポーツ」といった特定のテーマに特化したキュレーションサイトもあります。

かつて多くの人にとって「通勤の友」だった紙の新聞は、今やその地位をスマホに奪われました。しかし、紙の新聞が読者を減らした反面、キュレーションメディアをスマホで利用できるようになったことで、ニュースを読む時間がむしろ増えたという人も少なくないでしょう。

しかし、そうやって毎日ニュースに目を通しているのに、達成感が感じられないという人も多いのではないでしょうか。とくにサラリーパーソンは、単なる時間つぶしというよりは、仕事に生かすためにニュースを読むという側面があります。同僚や取引先との会話のネタや、営業戦略を立てる基礎資料などとして使いたいわけです。

しかし、そうした目的を持つ人の中には、「どうもニュースを仕事に生かせている実感がない」という人が少なくないのではないでしょうか。若いサラリーパーソンや就活中の学生は、スマホ世代ということもあって中高年以上にニュースを読んでいる人が少なくありません。しかし、そうした努力をしているにもかかわらず、せっかく得た知識がうまく活用できないという声をよく聞きます。

これは、なぜなのでしょう。実は、本当の意味でニュースを理解し、仕事に活かすには、そのための力を別途身につける必要があります。この過程を経ずにいきなりニュースを読んでも、雑学的な知識が増えるばかりで、本質が理解できないのです。そして、この関門を突破する上で必要な基礎練習には、キュレーションメディアなどのネットサービスより、紙の新聞（もしくは紙面の形で読める電子版）の方がずっと向いています。ニュースの応用力をつける「教材」としては、紙は今でも優れた点がたくさんあるのです。

情報の分析力を養う教材にはならない

ニュースをキュレーションメディアで読んでも応用力が身につかない理由は、そのビジネスモデルにあります。こうしたサイトやアプリに転載される記事は、「情報や知識を提供する」ことに力点を置いて選ばれているわけではありません。むしろ、「手軽な暇つぶしの手段を提供する」ことが重要で、役割としてはスマホのゲームなどに近いのです。

もちろん、載っている情報が無価値だというわけではありません。重要ニュースの速報は紙よりネットの方が早く流しますし、利用者が必要な知識や情報を得るケースもたくさんあるでしょう。ただ、時間をつぶすことができる軽い読み物を提供し、ついでに広告をクリックしてもらって収益を得るというのが、これらのメディアの基本戦略であることも事実です。

このため、キュレーションメディアの編集部では、SNSで引用される数が急上昇しているニュースなどを自動的にピックアップし、さらにその中から読者が好みそうな記事を絞り込むなどして転載します。記事を選んだり、独自の見出しを付けたりする際は、なるべく幅広い読者の興味を引くことを重視します。これは、記事へのアクセスが多いほど広告収入も増えるためです。

結果として、掲載されるのはそのサイトやアプリのユーザー層が関心を持ちやすいニュースが中心になります。ネットの場合、利用者の中心は若者なので、大きな事件や事故の第一報に加え、流行りのドラマや芸能人のゴシップが多くなる傾向があります。ユーザーがスマホやパソコンで読んでいるのは明らかなので、情報機器の新製品などのニュースも多くなります。しかし、こうしたニュースは時間をつぶすために読むにはよくても、情報の分析力を養う教材として適していないことはすぐにわかるでしょう。

念のため付け加えておくと、私はそうしたコンセプトを否定するつもりはまったくありません。ネットに限らず、マスメディアが提供するニュースの価値は多様です。別の章でも述べたように、むしろ「暇つぶしの手段を提供する」「共通の話題を提供する」ことも立派な価値だと考えています。

しかし、社会の仕組みを学び、分析力を磨く教材としての機能を重視するなら、キュレーションサービスはあまり役に立ちません。毎日読めば、とりあえず話題のニュースが何かはわかるし、雑学的な知識も増えるでしょう。しかし、ビジネスパーソンとしてのスキルを磨くには、遠回りになりかねないのです。

情報を体系的に理解できる

では、ネットに対する紙の利点とは何なのでしょうか。

その一つは、情報を体系的に理解する習慣を身につけられる、という点です。

ネットでニュースを読んでいて、何かと似ていると感じたことはないでしょうか。そう、チャンネルを次々に変えながらテレビを視聴する「ザッピング」に似ているのです。「ネットサーフィン」という言葉はかなり前から使われていますが、ネットはこうした使い方に向いたメディアだといえます。

言い換えると、ネットでニュースを読んでいると、興味の赴くまま「つまみ食い」的に情報を漁ることになりがちです。しかし、ニュースを本当の意味で理解し活用するには、まず「世の中が動く仕組み」や「動きのパターン」を押さえておく必要があります。そうした基礎が完成してからなら「サーフィン」にも意味があるかもしれませんが、初心者の場合、情報の海に海図なしで漕ぎ出すことになりかねないのです。

これは事件や事故の報道、政治、経済など様々なニュースに共通しますが、とくに経済ニュースを例にとるとわかりやすいでしょう。経済ニュースは、やみくもに記事を読んでも、理解が自然に深まっていく実感は得られません。経済用語や雑学的な知識は増えていくでしょうが、それらを使いこなすには、経済の「仕組み」や「流れ」について、体系的な知識もあわせて習得する必要があるからです。

紙の新聞は経済分野に限らず、ニュースを「前の面から順を追って説明していく」という形式になっています。これは辞書などを除けばほとんどの紙媒体に共通する特徴です。

新聞は、大きなニュースが発生した場合、まず1面で基本的な事実関係（いわゆる5W1H）を報じます。重要なニュースであれば、「背景説明」や「用語解説」、「有識者のコメント」などがつくこともあります。さらに、関連情報を他の面で展開するわけです。

原稿は重複がないように執筆する記者の間で事前調整され、経済ニュースであれば「1面」「総合面」「経済面」といった順に読んでいくと効率よく理解できるように編集されます。経済政策や金融規制など国会の議論に影響する話は「政治面」、物価など生活に影響する話は「社会面」といったように、関連記事が多面展開されることもあります。

これに対し、キュレーションメディアの記事は、複数の媒体からピックアップしているため、断片的な情報を寄せ集めた状態になりがちです。編集者はニュースの全体像がわかるように記事を選ぶでしょうが、説明に重複が生じたり、逆に重要なポイントが抜け落ちたりする可能性が高くなるのです。

新聞のニュースはある意味「連載」

この点、紙の新聞では日をまたいだ報道のつながりも意識されています。

大きなニュースは第一報が出てからも、場合によっては数ヵ月にわたって続報が続くケースがあります。実はこうした長期にわたる報道では、新聞小説と同じように、読者が前の記事を読んだことを前提に、次の記事が書かれています。いわば「連載」なのです。

これは裏返すと、続報を伴うニュースの場合、途中の記事をとばすと、「流れ」が見えなくなることを意味します。連載小説でも、しばらく読んでいないと展開が見えなくなることがあるものです。不親切に感じられるかもしれませんが、これは限られた紙面を有効に活用し、(定期購読の)読者が効率よく情報を摂取できるようにする工夫でもあります。

例えば、紙面に収容できる記事の分量には限りがあります。ニュースがたくさんある日は、一記事あたりの制限字数は少なくなります。重要な事実でもスペースの関係で書けないケースが出てくるのです。その場合、翌日以降の記事に盛り込むことで、情報の抜けを防ぐという方法がとられます。これが「ニュースも連載」という意味です。

SNSに流れるキュレーションサイトの読者の感想を見ていると、「重要な論点が抜けている」といった指摘をよく目にします。しかし、実はオリジナルの紙面では書いているということはよくあります。言い換えれば、新聞記事はそうした情報の「セット」として読むことで、本来の価値を発揮するのです。

定点観測ができるメリット

ネットのもう一つの弱点は、定点観測に向かないということです。

ニュースには分野によって異なる「節目」が存在します。記者も、政治や経済、事件・事故といった担当ごとに、この節目を意識しながらニュースを追っているものです。ところが、キュレーションサイトなどでは、「大ニュースではないものの全体像を把握する上で不可欠な情報」が抜けていることがしばしばあるのです。

政治ニュースであれば、国会を中心とする立法の動きを抜きに全体を理解することはできません。そして、その審議スケジュールは中央官庁や各政党、地方自治体の動きにも影響を与えます。

もちろん重要法案については、国会で可決成立すればキュレーションサイトなどにも記事が載るでしょう。しかし、構想が浮上して法律ができるまでには、普通は数ヵ月から1年くらいの時間がかかります。その間、所管官庁の担当部署で素案が検討されている時期、予算をともなう具体案としてまとめられる時期、与野党の組織内で検討される時期、国会の委員会で議論される時期、など様々な段階を経ることになります。そして、そのそれぞれについて「役所が組織として案をまとめた」「与党がそれを了承した」「委員会で採決が行われた」といった節目があります。

裏返すと、それらの結果を知っていなければ、その法案が立法プロセスのどの段階にあり、今後、どの程度修正される可能性があるか、どういった方向に修正が加えられそうなのかはわかりません。一つひとつはニュースとしての重要度は低くても、それを頭の片隅に置きながらニュースを追うことができるかどうかは、理解の深さに決定的な差を生みます。

これは、経済ニュースでも同じです。とくにマクロ経済の動きは、日銀の政策決定会合や、企業の買収手続といった手続面でのスケジュールに加え、景気の現状を知るための代表的な指標をウオッチしていることが重要になります。これらも政治ニュースと同じく、ネットの場合はよほど注目されている時期や、数値が大きく動いたとき以外は目立つ位置に表示されません。

その点、紙の新聞であれば、「経済面」や「総合面」をチェックしていれば、たとえ小さくても必ず記事が出るため、見過ごすリスクは小さくなります。毎月、目にしていれば、「そろそろあの指標が発表されるな」ということもわかってくるでしょう。

キュレーションメディアは、暇つぶしに読んだり、話のネタを仕入れたりするには便利です。

しかし、体系的に情報を集めたり、あるカテゴリーの情報を「定点観測」したりするのには向いていません。もちろん、そうした基本的な知識や技術を身につけた後でなら、活用する方法はいろいろあるでしょう。

例えば、ある経済指標が発表されたら自動的に収集する設定にしておくといった機能は、むしろ紙媒体にはないものです。ただ、そうした応用も、情報収集や分析の基礎体力があってはじめてできるものです。ネットを活用する技術を身につける「教材」としての側面から見れば、紙媒体は遠回りのように見えて、実は効率の良い学びを提供してくれるはずです。

13

ネットにない情報の重要性

ネットで検索をしていると、その情報量に圧倒されることがあります。外国語の情報も含めればその量は膨大で、しかも日々増え続けているわけです。このためネットを利用していると、しばしばネットだけを情報源にしていれば、生きていくのに必要なことはすべてわかってしまうかのような錯覚に陥りがちです。

しかし忘れてはいけないことがあります。それはインターネット上にある情報も、実際に存在するすべての情報の中では、ほんの一部だということです。別の言い方をすれば、インターネット上には存在しない情報やデータもたくさんあるのです。

デジタルネイティブ世代にとっては、インターネット上にない情報は「この世に存在しない」のと同じであるというふうに映ることさえあるようです。しかしもちろんそんなことはありません。

インターネットが一般の人に使われるようになって、たかだか二十数年しか経っていません。もちろんその間、書物をはじめとする様々な媒体から文字情報や映像などがデジタル化され、ネット上で手に入るようになりました。

しかしそれは、人間が文字を使い始めて以降経過した時間の長さに比べれば、ほんの一瞬に過ぎません。その意味では、ネットでは手に入らない情報も世の中にはたくさんあり、むしろそちらの方がまだ多いのだということをいつも頭の片隅に置いておいた方がいいでしょう。

紙媒体の情報の多くはまだ電子化されていない

では、ネットで手に入らない情報にはどんなものがあるでしょうか。その一つは、電子化されていない紙媒体の情報です。例えば書籍のほとんどは、まだ電子化されていません。特に古い本に関してはデジタル化が始まったのはつい最近のことです。古い本を読もうと思えば、今でも古本屋を探しまわったり、図書館に足を運ばなければならないのです。

本当にあらゆる情報を活用したいと思うのであれば、こうした本の情報は欠かせません。手間を厭わず、探しに行って読む価値は間違いなくあるのです。

活字情報でもう一つ重要なのは新聞や雑誌の情報です。近年、紙媒体のニュースも、その多くがインターネット上で読めるようになりました。今やニュースはほとんどネットで読んでいるという人も少なくないでしょう。

これはテレビでも同じかもしれません。ネット回線が大容量になったことで、テレビ番組もインターネットで一部が視聴できるようになりました。現在ではテレビ局などがオンデマンドやストリーミングの形で動画を配信することも増えています。

しかし、ネット上で流れている記事は、多くの場合、紙媒体に掲載されているものの一部に過ぎません。もちろん、今後10年、20年先にはどうなっているかわかりませんが、現在では新聞社や雑誌の出版社は紙媒体の販売が収益の柱だからです。すべての情報をネットで無料公開しているわけではありませんし、有料サービスを契約したとしても、著作権などの関係で、紙媒体にしか掲載していない記事は少なからずあるのです。

もちろん、ニュースを知りたいだけであれば、インターネットだけで十分な量が手に入ると思うかもしれません。しかし日経新聞の記者をしてきた経験から言えば、高付加価値の記事は、やはり有料サービスや紙媒体でしか流していませんでした。また、新聞やテレビがビジネスをネット上に移行する中で、むしろ無料で提供するコンテンツは今後減っていくかもしれません。

実際、かつて新聞サイトではほとんどの記事が無料で読めたのに、最近はお金を払った人や、個人情報を登録した会員にしか読めない記事が増えていることにお気づきの人も多いのではないでしょうか。

インターネットのサービスは、無料モデルや広告モデルが中心であることは事実です。しかし、マスコミの世界では、ネットへの無料配信は、あまり金にならないという認識が広がりつつあります。むしろ無料でニュースを流し、ポータルサイトなどで読めるようになったことで、収益の柱である紙媒体や、これから伸ばしたい有料電子版の売り上げを食ってしまっているのではないか、という問題意識が広がりつつあります。今後はますます、既存メディアが流す記事をただで読むことは難しくなるかもしれません。

現場でしか得られない情報がある

もう一つ忘れてはいけないのが、「現場でしか得られない情報」がたくさんあるということです。

記者は先輩から「必ず現場を踏め」と、耳にタコができるほど聞かされるものです。実際、自分では知っているつもりのことでも、現場に行くと全く違う側面が見えてくる、ということはよくあります。現在ではユーチューブなどを見れば、現場に行かなくても様々なものを見ることができます。遠く離れた海外でも、グーグルアースを使えばあたかも自分がそこを訪れたかのように、リアルな風景を見ることができる時代です。

しかしそうやって得た現場の情報は、実際の情報量からすればほんのわずかです。百聞は一見にしかず、という言葉があります。確かにユーチューブでもその場を「見る」ことができるように感じられるでしょう。しかしそれは本当の意味で見たことにはならないのです。

典型的なものは匂いや温度です。みなさんも、テレビのニュースで、災害後の避難所の風景は、何度か見たことがあるでしょう。あるいは、大きな台風が過ぎ去った後の、水害の現場も生中継などで目にしたことがあると思います。そうした映像を見れば、災害の爪痕や避難者たちの苦しい生活がわかります。それは文字情報として読むよりも、ずっとリアルに感じるはずです。

しかし、もし取材やボランティアで実際に現場に行けば、カメラに写っていたものが、現実のほんの一部でしかないことに気づかされるでしょう。

例えば、そうした現場には、特有の「匂い」があるものです。ゴミが腐り、焚き火の匂いも立ち込めています。私自身は行ったことがありませんが、2001年に起きたニューヨークの同時多発テロの現場のように、たくさん人が亡くなった現場では、強烈な死臭が漂っているものだそうです。

しかし、テレビの画面からはそうした臭いは漂ってきませんし、レポーターも言及しないのが普通です。それは被災者たちを傷つけることになりかねないからです。それは現場に行ってみた人間だけがわかることなのです。

カメラが切り取るのは「絵になる」部分だけ

それは極端な例かもしれませんが、いずれにせよ現場に行って実感するのは、カメラが切り取っている現実というのは「絵になる」部分だけだということです。もちろん絵になるということは、情報として重要であることも意味しています。しかし、物事の全体像を理解する上では、「絵にならない」部分が重要である場合も多いのです。

再び震災後の被災地を例にとれば、一般にテレビが流すのは崩壊した家や、寸断された道路など、大きな爪痕が残る場所だけです。そうした部分を、ことさらにアップで映すものです。それは、無傷の家や、被害がほとんど出なかった地域を映しても、視聴者が知りたい「被害」は伝わらないからです。言い換えれば、そうした情報はニュース価値が低いのです。

しかし、そうした情報の取捨選択によって、映像だけを見た人のイメージはかなり偏ったものになりがちです。大きな被害を受けた現場ばかりを映像で見ていると、地域全体が同じような状況にあると錯覚してしまうものです。国内であればまだしも、土地勘のない海外の災害報道を見る際は気をつけなければならない点でしょう。

これは、東日本大震災の時に、日本の被害状況をマスメディアを通じて見ていた海外の人も恐らく同じだったでしょう。まるで日本全体が壊滅し、放射能で汚染されているかのように見えたはずです。しかし、同じ日本でも、被災しなかった地域の人が見ていた風景というのは、被災者と同じではありません。東北で大変な事態が進行しているとき、西日本では日常生活が続いていたのです。

マスメディアを通じて情報を得ていると、それがネットであろうと新聞だろうと、伝わってくる情報が全てだと思いがちです。しかし、実際に自分でその場に足を運び、現場の風にあたってみれば、それが現実のほんの一面でしかないことに気づかされるものです。

「ネットを捨てよ、町へ出よう」

私たちは実際に自分の目に映る世界を除けば、多くの情報を、ネットを含むマスメディアによって切り取られ、編集された形で受け取っています。これは現代社会で生きる上では避けて通れないことです。

しかし、そうした情報ばかりを頭の中に詰め込んでしまうと、実際に現場を見たとき先入観に支配され、無意識に自分がもともと持っていたイメージに、現実の方を当てはめて理解してしまうことさえあります。しかし、これでは本当の意味で現実を「見た」ことにはなりません。

ですから、インターネットの情報を本当の意味で活用したければ、逆説的ですがネット情報だけに頼っていてはいけないのです。パソコンの前を離れ、スマホを一旦遠ざけて、自分の足で広い世界を歩いてみる必要があるということです。

図書館で膨大な数の蔵書から、非効率でも一冊一冊手に取って本を探すことも大事ですし、すでにネットで知識を持っている場所にも、実際に足を運ぶべきなのです。そうした「足で稼いだ情報」だけが、自分の血となり肉となり、知識に厚みを与えるものだと思います。そして、実際に現場に行って何かを発見する感性が磨かれれば、逆にインターネットの情報の大海原から本当に重要な情報を探し出す「勘」も身に付きます。五感を研ぎすませて現場の状況を観察し、そこから何か一つでも二つでも、ネットでは手に入らない情報を発見できる人こそが、インターネット上に散らばる膨大な情報の中から、真に意味のあるものを見つけることができるのではないでしょうか。

かつて紙メディアが情報の中心だった時代、寺山修司の本のタイトル「書を捨てよ、町へ出よう」は、一種のスローガンとして若者の心を捉えました。しかし、現在にあっては「ネットを捨てよ、町へ出よう」というのが必要な態度なのかもしれません。寺山修司が読書家だったように、それはネットを軽んじるということではありません。ネット情報を生かすには、自分の足で歩き回ることだけで得られる、嗅覚のようなものが求められるはずなのです。

4章

高度な読み方、活用法

14

「たとえ話」で考える――ネットは自分の頭脳じゃない

インターネットには様々な情報があふれています。その中にはデータや記録だけではなく、人々の意見やアイデアもあります。

私たちはパソコンを見たり、スマホをいじったりするだけで、様々な知識や意見を簡単に手に入れられるようになりました。しかし、そのことが大きな落とし穴を生んでいます。ネットを使いなれるうちに、あたかもインターネットが自分の脳の一部であるかのように錯覚する人が増えているのです。

確かに、いちいち細かい知識を暗記しなくても、いざとなればスマホで検索するだけで簡単に手に入ります。頭の中に入っていなくても、手元に広大な記憶の塊があるのと同じだと思ってしまうのです。

それだけではありません。自分で考えなくても、ネットで検索することによって誰かの主張や意見が簡単に手に入るので、それがあたかも自分の考えであるかのように錯覚し始める人も出てきています。

インターネットがいつでも使える環境にあれば、何かを覚えたり、自分で考えたりしなくても、効率よく生きていけそうな気がしてきます。

しかし、自分の頭の中にインプットされている知識や意見と、自分の指先を動かすことで引っ張り出せるネットの情報は根本的に違います。実際に何かを考えたり、判断したりするとき、頭の中で全然違った使われ方をするのです。

人間の頭は、様々な情報を総合的に利用して物事を判断します。その場その場で必要な情報をインターネットから取り出して利用するのと、もともと頭の中にある様々な情報を無意識のうちに総合して判断するメカニズムが異なることは明らかでしょう。たとえどんなにインターネット上に情報があったとしても、それを手や足と同じように自分の一部として使えるかどうかは、全く別次元の問題なのです。

考えることは人が生きる証

これは意見についても同じです。インターネット上には無数の意見や考え方が転がっています。それを検索して自分に都合の良いものだけを見つけ、あたかも自分の意見であるかのように表明することは簡単です。しかし、そうして得た自分の主張というのは果たして本当に自分の主張と言えるでしょうか。

意見は、自分の知識や経験の中から生まれてくるはずです。そうしたものから切り離された

「結論」だけを手に入れたとしても、それは「データ」とあまり変わりがないのです。ニュースAについての意見と、ニュースBについての意見をネットから探してきて「自分のもの」にしたとして、二つの意見が根本的な部分で矛盾するといったことも発生するでしょう。

そもそも、もし自分の意見を持つことなく生活していくとすれば、それは自分自身の人生を歩んでいないということを意味します。考えるということは、「人間は考える葦である」という言葉を持ち出すまでもなく、人間が生きている証だからです。

人間が何かを「知っている」ということも同じでしょう。自分が自分であるということは、生まれてからそれまでの記憶の集合体を背負っているということです。人の個性や意見も、そうした記憶や知識の中から生まれてきたものだけが本物なのです。借り物の知識や借り物の意見はいくらそれが洗練されたものであろうと、自分自身とは言えません。

コンピューターは人間の様々な能力を代替してきました。人工知能が人間を脅かすという現実もかなりリアリティを持って語られる時代になっています。

しかしだからこそ、ネットの情報やコンピューターの検索機能に頼りすぎれば、私たちは単なる「質の低い人工知能」に成り下がってしまう可能性があるとも言えるのです。コンピューターでもデータベースでもない生身の人間であり続けるためには、インターネットとの距離感を十分に意識した方がいいでしょう。

たとえ話を作ってみる

もっとも、「自分の頭で考え、自分の言葉で語れ」などと言われて戸惑う人もいるかもしれません。ネットで検索して誰かの意見を自分のもののように思い込んでしまう人にとっては、いきなりオリジナルの意見を求められたり、自分独自の表現で説明させられたりすることは苦痛でしょう。

では、自分の頭で考えるにはどうすればいいのでしょうか。一つの方法は、たとえ話を自分で作ってみるということです。

新聞記事などでは、複雑な社会問題について説明する際に、たとえ話を使うことはよくあります。全体の構図を理解したり、それを自分の頭で演繹して意見を紡ぎ出したりする作業は、実はそれほど簡単ではありません。そうした場面では、いったん物事を単純化し、たとえ話のように「応用」できる形に落とし込んでやると理解が進むことが多いのです。

2001年にベストセラーになった本に『世界がもし100人の村だったら』があります。地球全体を100人の村として捉えた場合に、何が見えてくるのかを示すという趣向の本でした。地球という多種多様な人間が集まった空間を、たった100人の村に置き換えることで見えてくるものがあるということを、私たちはその本から学ぶことができました。同様にたとえ話を使って現実を説明することで見えてくるものがあるのです。

ある事象をたとえ話に置き換えるという作業は、その本質を捉える作業でもあります。枝葉の部分を削ぎ落とし、最も重要な部分だけを物語として取り込む必要があるからです。

これは、個人で思いつくには高度すぎる例ですが、自由貿易のメリットを説明する有名なたとえ話があります。米国のトランプ大統領が、外国からの輸入品にかける関税を引き上げて自国の産業や雇用を守ると主張していますが、そのメリット・デメリットを考える際にも有効なので、紹介しておきましょう。

どんな国の産業にも、得意分野と不得意分野があります。日本で言えば、得意分野の代表は自動車の製造でしょう。トヨタ自動車の「カイゼン」に象徴されるように、独自の工夫を細かく積み上げることで、海外でも売れる高品質で安い自動車を生産しているからです。

一方、日本の農業は諸外国に比べ、必ずしも生産効率がいいとは言えません。発展途上国などに比べると人件費が高い上に、国土の構造や歴史的な経緯から大規模農業が営みにくいからです。もちろん、無人ヘリコプターを使って農薬を撒くなどテクノロジーを駆使した省力化の試みも広がっていますが、本物のヘリを使って種まきから農薬散布までこなす米国や豪州の大規模経営には太刀打ちできません。

逆に、米国では製造業の衰退が大統領選で争点になりました。トランプ氏が支持を集めた背景には、錆びついた工場地帯（ラストベルト）と呼ばれる地域の人々の不安や不満があったと言われます。自動車についても、最近は日本車も含め、海外から安い製品が入ってきて自国製品が押されているという認識があるようです。

こうした産業があるときに、どんな貿易政策を取れば国民がハッピーになるのでしょう。それを考えるときに、よく持ち出されるのが「アインシュタインと秘書」のたとえ話です。もし、今後ニュースで「比較優位」という言葉を聞いたら、この話を思い出してください。

アインシュタインと秘書

実話かどうかは不明ですが、このたとえ話では、アインシュタインは研究だけでなく、タイプライターを打つ速度も早かった、という設定になっています。一方、彼の秘書は、研究はもちろんタイプ打ちでもアインシュタインにかないません。ただし、それぞれの得意不得意で言えば、アインシュタインはタイプ打ちより研究の方がより能力を発揮でき、秘書は研究よりタイプ打ちの方が得意です。

この二人が一緒に仕事をするとき、どうすれば最もはかどるかを考えます。直感的にも、アインシュタインが研究もタイプ打ちもすべて一人でこなすよりは、分業する方がいいことはわかるでしょう。問題は仕事の配分です。例えば、研究とタイプを半分ずつ分け合うのがいいか、などと分析していくわけです。

実際に考えていくと、多くの人が想像する通り、アインシュタインが研究に専念し、秘書がタイプ打ちをすべて引き受けるのが最も効率的になります。

常識的な結論に思えるかもしれませんが、この話は国際貿易についての教訓を含んでいます。「それぞれの国が、より得意な分野に特化して生産を行い、それを貿易によって交換すると、お互いにとって最もハッピーだ」ということです。

実は、このたとえ話は、トランプ大統領が米国のためにならないとして就任早々に離脱を表明したTPP（環太平洋戦略的経済連携協定）の根底にある考え方です。TPPは、加盟各国の間で関税を引き下げて、貿易を活発にしようという発想から生まれました。

日本では、これまで自動車などに比べて高い関税に守られていた農産物が安い輸入品との競争に晒され、農家の廃業が増える可能性が高いでしょう。しかし、「より得意な産業（日本では自動車など）に特化して、不得意な農産物は輸入した方が国全体としては効率的である」という示唆が得られるというわけです。

これを、前向きな方向に解釈すれば、「全体の能力は低い人でも、自分がより得意な分野を伸ばせば社会に貢献できる」という教訓にもなります。例えば健常者に比べて身体能力が劣る障害者でも、自分が一番得意な仕事をすれば、他の人たちの助けになれる、ということです。

こういうこともあって、多くの経済学者は関税をなるべく引き下げて、自由貿易を促進することが正しい、と考えています。国際分業を進めるのが合理的だというわけです。保護主義的な政策を打ち出すトランプ氏への批判の背景には、このたとえ話から導かれる結論があるのです。

「暗黙の前提」にポイントがある

ただ、たとえ話を使って物事を考えるうえでは、実はここで満足してはいけません。さらに考えを進めてみましょう。

先ほどのアインシュタインと秘書の例は、夫婦に置き換えることもできるでしょう。夫と妻がいて、仕事には「掃除」と「育児」があるとします。それらをどう分担するか、という問題です。

仮に、妻の方が実力的にはどちらも夫より得意だったとしましょう。ただし、それぞれの得意不得意で言えば、妻は掃除より育児の方が、夫の方は育児より掃除の方が得意だとします。

このケースでは、夫が掃除、妻が育児に特化するのが最も合理的、という結論になります。確かに、もともと自分が得意な方に特化すると仕事ははかどるでしょうし、同じことを毎日やっていればスキルも上がっていきそうです。しかし、そう聞いても、なんとなく腑に落ちない人が多いのではないでしょうか。

そのモヤモヤの理由を突き詰めていくと、いくつか思い当たることが出てくるはずです。一例を挙げれば、このたとえ話では「自分のなかで得意・不得意はずっと変わらない」という暗黙の前提が置かれているということです。

仮に、掃除と育児を二人が半分ずつ分担していれば、全体としては非効率でも、だんだん夫の育児能力が上がっていって、得意不得意が逆転するかもしれません。妻の側にも同じことがいえます。言い換えれば、先の例のように仕事を1つに特化すると、そうした可能性の芽を摘んでしまうのです。

特化のリスクも見えてきます。例えば役割を固定化した結果、夫は掃除、妻は育児しかできなくなってしまったとしましょう。もし、妻が風邪で寝込んだら何が起きるでしょうか。二人が「掃除も育児もそこそこできる」ケースに比べ、混乱が大きくなるのは明らかです。

これは、貿易についても当てはまります。例えば、発展途上国は高度な製造業より農業などの第一次産業の方が相対的に得意でしょう。しかし、国内がそうした産業だけになり、製造業が育たなければ、いつまでたっても先進国にはなれなくなってしまいます。

一方で、天候不順などにより、途上国で農産物の生産量が減って輸出ができなくなれば、先進国も困ります。それまで、自動車を途上国に輸出して、代わりに食料は全て輸入していたわけですからパニックに陥るでしょう。いくら技術が発達している先進国でも、自動車を作っていた人たちが、急に農地を整備して作物を育てることなど不可能だからです。

実は、そもそも長い歴史の中で「関税」が消滅しなかったのは、こうした問題が認識されていたからです。途上国は自動車などに関税をかけて自国のまだ弱い自動車産業を育てなければ、永遠に途上国のままです。先進国も、農産物に関税をかけて、ある程度の農家を残しておかなければ、安全保障が揺らぎかねないわけです。

こうして、単純なたとえ話をもとに考えを深めていくと、それまで見えなかったものが見えてきます。トランプ氏の主張にはかなり乱暴な部分があるにせよ、「競争力のなくなった自動車など諦めて、米国が得意な情報技術（ＩＴ）産業に特化すればいい」という主張にも、問題があることに気づかされるはずです。

同時に、こうしたたとえ話では、「暗黙の前提」にポイントがあるということもお分かりいただけたのではないでしょうか。夫と妻の分業の話であれば、「二人の中で得意・不得意はずっと変わらない」「二人は風邪で倒れることはない」という前提こそが、重要な意味を持つわけです。そして、たとえ話を用いた専門家の説明を聞くとき、こうした重要な前提条件が隠されていないかに注意を払うことがいかに大事かもわかるでしょう。

こうしたことを、時にはノートに図を描きながら、あーでもない、こーでもないと考えていくことが「自分の頭で考える」訓練になります。最初はなかなか難しいでしょうが、ぜひ試してみてください。

15

スタンスを決めてネット情報を読む

この世界には、様々な思想信条を持った人が住んでいます。多様な意見が存在し、それらがぶつかり合って新しい考えが生まれてきます。ただ、意見の違いは、深刻な対立の原因になることもあります。このため、現実社会では、対立が先鋭化するのを避けるため、一定の「棲み分け」が進んでいます。政党のような組織もそうですし、メディアもそうです。

新聞であれば、リベラルな人は朝日新聞や毎日新聞を買うことで、自分に近い視点から書かれた記事を読むことができます。逆に、そうしたものの見方に反発を覚える保守系の人であれば、読売新聞や産経新聞を読めばいいのです。しかし、インターネットの世界では、こうした棲み分けはあまり進んでいません。対立する考え方を持つ人が隣り合わせに棲んでいるような世界なのです。

例えばツイッターでは、政治的な意見が直接ぶつかり合うことは珍しくありません。複数の個人ブログ間で激論が交わされているのはよく目にしますし、初めからそうした論争の場を提供する掲示板もあります。

これは、良くも悪くも既存メディアにはない特徴です。もちろん新聞やテレビも討論会を主催してその様子を報じたり、読者や有識者の意見を紹介することで論争を演出したりすることはあります。しかし、メディア自身がレフェリーのように第三者として介入することで、対立の度合いは弱められるのです。

言論空間としてのネットが持つもう一つの特徴は、ある一つのメディアの中でも、棲み分けがなされていないケースがあることでしょう。例えばキュレーションサイト上では、政治的背景も対象読者も異なる様々なメディアの記事を読むことができます。先の例で言えば、ヤフーニュースではリベラル系の朝日・毎日と保守系の読売・産経が同じように記事を配信しています。

多様な意見に触れることによる精神的疲労

スマホやパソコンといった情報端末を通して、私たちはこうした多様な意見に触れることになります。このことは、インターネットの魅力でもあり、反面、つきあい方が難しい点でもあります。

新聞や雑誌などの伝統的メディアでは、編集方針が定まっています。例えば朝日新聞であればリベラル系、読売新聞では保守系の人を想定して編集がなされているわけです。雑誌も読者の思想的な傾向のほか、年齢や趣味などに応じて編集方針が決められています。ですから、読者もその媒体が想定している読者像に合致していれば、あまり違和感なく記事を読むことができるのです。

一方、インターネットでは、読み手の側は、同じプラットフォーム上で記事を読んでいても、発信している媒体が変わるたびに、それぞれの背後にある思想的傾向や編集方針に振り回されることになります。同じ「ヤフーニュース」という媒体を利用しているつもりでも、そこに記事を流している読売新聞と朝日新聞では編集方針が大きく異なるため、同じニュースを報じる時でも視点に差が出てくるからです。

こうした編集方針を意識して読まないと、ニュースに関する記事を読んでいても、一方で反対意見、もう一方で賛成意見を読まされることになります。こうした多様な意見に触れることができるということ自体は、インターネットの利点でしょう。しかし読者は、それぞれの媒体がどういった編集方針や思想的傾向を持っているかを知らないこともあります。新聞やテレビであれば、ある程度そういった方針は予測可能ですが、個人ブログや、あまり有名ではない媒体については、どういう哲学に基づいて書かれているのか、読者は知らないまま読むことになるのです。

自分の思考や思想を鍛えるうえで、なるべくたくさんの意見に触れることは重要です。しかし一方で、編集方針が違う様々な記事を読むことは、精神的な疲労ももたらします。

新聞が編集方針を明確にしてきたのも、まさにこのためです。首尾一貫した編集方針がある方が、読者は精神的に負担を感じずに記事を読むことができます。リベラルな人であれば、安倍政権の憲法改正の動きを肯定的に報じる読売や産経の記事を読めばカチンとくるでしょう。そうした記事は、あまり読みたくないという人がいるので、朝日や毎日が売れるわけです。

様々な編集方針の記事を読まされると、感情の振れ幅は大きくなります。そして、そうした精神状態に疲れを感じてくると、人は一方向の意見だけを聞きたくなるものです。逆説的ですが、多様な意見が発信されているインターネットに触れている人は、自分と同じ意見を代弁してくれるメディアに強く寄り添うようになっていきます。そして、その反動のように自分と相容れない意見を表明している媒体に対して攻撃的になる傾向も見られます。

自分の立ち位置を確認しておく

自分の思想信条がしっかり定まっていない場合は、そうした感情の振れ幅だけでなく、自分自身の意見がぶれてしまうこともあるかもしれません。

大手メディアが発信している記事は、一定の説得力を持っているものです。ブログなど個人による記事でも、人気ブロガーの文章は非常に読みやすく、説得力があります。このため、一般の人が読めば、その意見が「もっともだ」と感じるのです。しかし、次に別の記事を読むと、それとは反対の立場から書かれていることがあります。そして、その意見もまた、非常に説得力があるのです。

こうした異なる見解を持つ人の記事を読んでいると、自分の意見もそれにつられる形で揺れ動くことがあります。感情の振れ幅と同じで、自分の意見の振れ幅が大きくなるわけですから、精神的に非常に苦痛だと思います。こうした経験に嫌気がさした人は、自分の意見を右か左どちらかに極端に寄せてしまうことが少なくありません。その方が楽だからです。しかし様々な情報を虚心坦懐に吟味するという姿勢が大事だと思うのであれば、そうした情報の偏りや自分の意見の極端な固定化というのは望ましくありません。

そこで重要なのは、自分の立場がどんなものであるかを、あらかじめ明確化しておくことです。自分は保守なのかリベラルなのか、また、リベラルであるとしても、どういった意見には賛成できてどこから賛同できないのかといったことを、ある程度自分自身で認識しておいたほうがいいのです。

自分の意見を固めないままに記事を読んでいると、印象や面白いかどうかだけで記事の評価をしてしまったり、記事を読むたびに自分の意見がぶれてしまったりということが起こりがちです。まず自分の立ち位置を固定し、定まった視点から物事を見ていく方が効率的だし生産的です。

ある年齢に達した人であれば、自分がリベラルと保守のどっち寄りかといったおおまかな自覚は持っているはずです。ですからインターネットでさまざまな記事を読む前に、自分が何に賛成し何に反対しているのか、またそうした判断のベースとなっている自分の哲学や思想とは何なのか、言い換えれば自分の価値観をまず言語化して捉えておくといいでしょう。

保守と革新、伝統と理性

具体的にはどうすればいいのでしょう。伝統的な思想の分け方の一つに、先ほども述べた保守か革新かという分類法があります。フランス革命のころの議会で、革命派が左側に、保守派が右側に席を持っていたことに由来し、右翼と左翼といった言い方をすることもあります。右と左がどう違うのかは定義によっても変わってくるので簡単に言うことはできません。しかし、大雑把に言えば右はその社会の伝統を重視するという立場になります。逆に左は、革新という名前のとおり社会の進歩を重視します。

フランス革命を支えた思想は言うまでもなく革新側の思想でした。その背景には理性を信じる啓蒙主義の考え方があります。人間は本能と理性のうち後者を活用することで理想的な社会を築いていけると信じる立場です。

迷信や根拠のない信念を打ち棄て、科学的で証拠に基づいた議論をし、社会の変革につなげていこうというのが左派の基本的な立ち位置になります。一方、右派は必ずしもそうした理性の優位を信じていません。もちろん迷信に縛られているだとか、現状を一切変えるつもりがないということではありません。しかし、左派のように理性を全面的に信頼することもないのです。

人間にはたくさんわからないことがあり、理性だけで物事を判断すればすべてがうまくいくというわけではない、と考えるのです。例えば一見不合理に見えるような伝統や迷信にも、長い歴史の中で生き残ってきた理由が潜んでいるはずなので尊重すべきだと考えるのです。

自由か規制かの軸

こうした右と左の考え方の違いを軸に見ると、社会に存在する様々なグループの違いが見えやすくなります。例えば政党も、保守系の政党は伝統的な考え方や文化を尊重します。一方で革新系の政党は、合理的に説明できない様々な制度や文化に対して疑問の目を向け、変えようとするのです。

こうした考え方のどちらが優れていてどちらが間違っているということは簡単には言えません。時代状況によっても違うでしょう。また、そのどちらにも一定の説得力があると考える中道の立場に立つ人も少なくないでしょう。しかしいずれにせよ、この2つの考え方のうち自分がどちらに近いのかについては、ある程度自分で突き詰めて考えてみた方がいいと思います。

人間の理性に基づいた変革を信じるという立場であれば、左派の思想に近いことになります。逆に伝統や文化には一見不合理に見えても重要な意味があり、安易に変えるべきではないと考える人は保守的な思想に近いといえるでしょう。

ただし、現在の日本社会は、保守と革新（右翼と左翼）の区別がつきにくくなっています。様々なねじれが生じているのです。

例えば、トランプ大統領の立ち位置は、明らかに「リベラル」ではありません。言動から見る限り、彼は理性を重視してはいないでしょう。これに対し、ヒラリー氏の立ち位置は基本的にリベラルと言っていいでしょう。

しかし、日本で一般に「保守」「革新」とされている政治家や政党を見ていると、先ほどの定義では切り分けにくい例がたくさん出てきます。例えば、自民党が保守系であることに異議を唱える人はほとんどいないと思いますが、小泉政権以降は、長らく日本の共同体の中心にあった農協に敵対的です。安倍政権も、農家にとっては大打撃になりかねないＴＰＰの実現に奔走しました。

もちろん、農家や農協関係者がみんな保守で自民党支持かと言えばそんなことはありません。ただ、日本において伝統文化を守ってきたのは間違いなく農家を中心とした地方の共同体です。実際、小泉政権のころまでは、自民党はそうした地域の人々の支持に支えられる政党だったはずです。

一方、「革新」の側がそうした地域のコミュニティーの再建に熱心である、という現象も見られます。京都などでは「伝統的な街並みの保護」などでは、保守系より革新系の団体が中心になっています。リベラルを名乗っていながら、選挙運動などを見ていると「直感などより理性の優位を信じている」という点で疑問符がつく政党や団体も目につきます。

ですから、保守と革新という軸だけで自分の立ち位置を測ろうとしても、かえって混乱が生じるということもあるかもしれません。むしろ、それ以外の評価軸を組み合わせて考えた方が、より納得できる自己分析ができるかもしれません。

こうした左右の軸に加えてもうひとつの軸を導入するとすれば、それは自由についての捉え方になるでしょう。簡単に言えば人間の自由を拡大していけば社会は良くなると考えるのか、逆に無秩序になり混乱が生じると考えるのかという対立軸です。

いわゆる自由主義は文字通り自由が秩序を作り出し、人々の力を最大限に引き出して社会を発展させていくと考えます。逆に、そうした自由は自然な秩序など生まず、無秩序が支配していくと考える人もいます。こういう立場に立てば、法律などのルールをなるべく細かく定め、自由を制限したほうがいいということになります。

もちろん現実的な政策はその間に存在します。現実に完全に自由な社会というものはありません。どんな国を見ても政府や法律があり、市民は多かれ少なかれ何らかの統制を受けます。

ただしそれがより自由なのか、より規制が強いのかは国の方針によって変わってきます。例えば、税金の取り方や使い道についてもこのような差があることはわかるでしょう。税率が高くその分政府が国民の生活や経済活動に介入する度合いが高い国がある一方で、税率が非常に低く、国民や企業などに対する保障のレベルは低くても、活動については規制が少なく自由度が大きい国があります。例えば前者は北欧諸国に多く見られます。そしてイギリスやアメリカは、1980年代以降、後者の立場をとってきました。いわゆる「大きな政府」と「小さな政府」です。

このような自由についての捉え方も、自分の中で整理しておく必要があるでしょう。例えば、普段は自由が大事で国の介入はなるべくない方がいいという主張をしている人が、大きな事故が起きると「国は何をしていたのだ」と批判することは少なくありません。しかし、もし自由を重視するのであれば、個人や企業がその自由の結果として失敗することは避けられません。これが自己責任の原則です。いわば失敗の自由も尊重しなければならないのです。

逆に、事件や事故に規制の強化という形で対処することをよしとするのであれば、人々の自由な活動や簡素な法体系は放棄する必要があるかもしれません。少なくともそれらを「いいとこ取り」したり、その時々によって都合よく使い分けることは本来できないのです。

強者の論理と弱者の論理

もう一つの軸を導入するとすれば、自分が弱者と強者のどちらの側によりシンパシーを感じるかということかもしれません。これは右や左、自由か統制かといった思想とは別の軸として捉えた方がいいと思います。一般的な理解では左翼は弱者の側に立ち、右翼は強者の側に立つことが多いと思われています。また、自由を求める人たちは強者の論理であり、規制を志向する人たちは弱者の側に立つ傾向も一定程度は見ることができます。

ただしそれはあくまでもざっくりとした傾向であり、その逆である可能性もあります。例えばナチスドイツの思想は弱肉強食を前提としており、一見すると強者の論理に見えます。実際、優生思想に基づいて障害者を抹殺したことなどからはその面がうかがえます。しかし一方で、そもそもの出発点は国民が経済的に困窮し、民族の誇りが失われる中でそれを救済するために出てきた弱者寄りの運動ということもできます。経済的な強者とみなされたからこそ、ユダヤ人は迫害されたのです。

一方、保守と革新という軸で言えばどうでしょう。科学的には証明できないアーリア人の優位を声高に叫ぶといった反知性主義的な動きは、基本的には保守に近そうです。また、自由という対立軸からすれば、明らかに規律や統制を重んじていました。一般的には「保守＝強者の論理＝自由」という組み合わせが思い浮かびますが、ナチスは必ずしもそうではなかったことになります。つまり、3つの軸が複雑に絡まりあう中で様々な思想が生まれているのです。

ネット上の様々な意見や分析に接する上では、自分がこの3つの軸の中でだいたいどういった位置に立っているのかを整理しておいた方がいいでしょう。本来自分がどういった立場にいるのかということを認識しながら記事を読めば、自分と記事の間にどんな立場や思想の違いがあるか明確にわかるようになります。

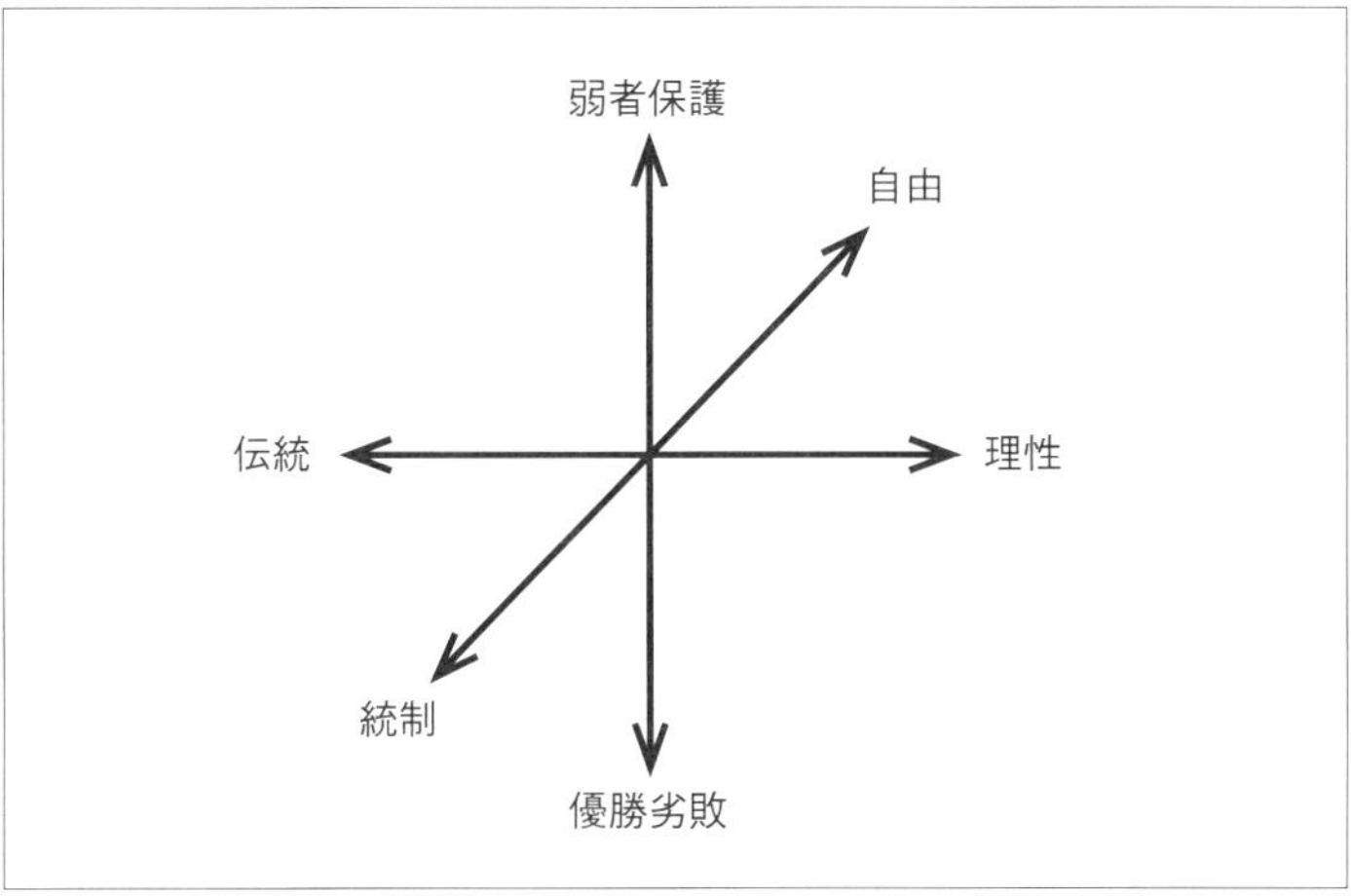

自分のスタンスを意識する

また、説得力がある記事でも、それが自分の考えと実は相容れないのだということに気づくことも増えると思います。それは、論説が必ずしも今の3つの軸のすべてについて言及しているとは限らないからです。例えば自由と左右の違いだけで自分の意見と近いと判断しても、最後の弱者に対する姿勢の違いで決定的な違いがあるということは大いにあり得ます。しかし、この点について言及がなければ、自分と意見が近いと錯覚してしまうこともあるわけです。

そして、これこそがネット情報を読んでいる時に自分の意見が振れてしまったり、様々な意見にそれぞれ説得されることによって、結局自分が何を目指すのかがわからなくなってしまったりする原因なのです。

16

インターネットと議論

インターネットの代表的な利用法のひとつに論争や議論があります。複数の人が異なる意見を戦わせたり、その優劣を競ったり、あるいは第3の意見を模索したりします。こうしたやり取りは、コンテンツとしてもネット上で重要な位置を占めています。

こうした論争の場として、インターネットはこれまでになかった種類の場を提供しているといっていいでしょう。例えば、かつては海外にいる誰かと議論しようとすれば、距離の問題があって容易ではありませんでした。マスコミも新聞やテレビという媒体を議論の場として提供してきましたが、字数や放送時間の制限があり、限られた人の意見しか紹介することはできませんでした。

しかし、インターネットを使うことで、離れた場所にいる人や、たくさんの人たちが同時に議論することが可能になりました。

しかし、インターネット上の議論を見ていると、実際にはこの新しい技術が、かならずしも建設的な議論につながっていない印象を受けます。ネット上の議論は、感情的になりやすく、単なる批判の応酬になってしまうことが少なくないようなのです。

これはネットの限界の一つでもあります。話している相手の表情や口調がわからなかったり、そもそも相手が何者なのかが匿名性の中でわからなかったりするため、小さな意見の違いが感情的な怒りを呼び起こし、議論の本質から外れ中傷合戦に陥りやすいのです。

インターネット上で議論は成り立つか

インターネットが登場した当初というのは、市民の議論についてもバラ色の未来が待ち構えているように見ていた人が多かったように思います。議論が活発になり、市民社会の厚みが増すのではないか、そういった期待をよく耳にし、私自身も期待したものです。

しかしインターネットの普及が始まって20年経った今、その期待は大きくしぼんでしまいました。少なくとも日本社会では、ネット空間が、議論が活性化し建設的な論争が行える場では必ずしもないことが、明らかになりつつあります。

これはなぜなのでしょうか。

そもそも議論というものが何かということを考える必要があるでしょう。日本では、異なる意見をぶつけ合う目的が何なのかについて、勘違いしている人が多いような気がします。インターネット上の書き込みなどを見ていると多くの場合、議論は「討論」と混同されているように見えます。別の言葉で言えば、勝ち負けを競う単なるディベートになってしまっているのです。

しかし、本来の「議論」とは、お互いの言論の優劣や勝敗を競うものではありません。異なる意見がぶつかることによって新しい考えを生み出す作業であるべきなのです。矛盾する意見がぶつかり止揚されるということが重要なのです。

私たち一人ひとりは不完全な存在です。知らない知識も多いし、優れたアイデアや意見も、それほどたくさん生み出せるわけではありません。そうした時に、多様なバックグラウンドや、様々な専門知識、考えのスタイルを持つ人たちが集まって意見を交換すれば、一人では生み出せなかった新しい考え方や解決法が見つかる可能性があります。民主主義のベースとなっている議論というものはこうした考えをもとにしているといっていいでしょう。

民主主義というと、多数決による意思決定であると考えている人が少なくないようです。もちろん期限までに何か結論を出さなければならない時に、異なる意見を集約する手法として多数決が使われることは致し方ないでしょう。しかしそれは民主主義のツールの一つでしかありません。

そもそも、多数決による意思決定は、民主主義の目的ではないのです。民主主義は異なる考えや思想を持った人たちが共存していくための知恵です。お互いが違いを認め、協力し合うための仕組みなのです。

議論というのは、お互いが相容れない考えを持っているときに、その妥協点を探り、全く違う第3の道を模索するために行われる作業です。確かに国会の論戦を見ていると、最後は多数決で決着がつくというケースが多いことは事実です。しかしそれは必ずしも民主主義のすべてではありません。

そうした意味における議論ができるかどうかは、その国の民主主義の成熟度を表していると思います。そして日本における議論の現場を見ていると、まだ私たちは十分に成熟していないように見えます。先に述べたように、議論と呼ばれながら、実態は単なるディベートや中傷合戦であるケースが少なくないからです。

本質的な議論が成り立つのは顔の見える相手

そもそもそうした意味での本質的な議論は、「顔の見える相手」の間でしか成り立たないのかもしれません。そうした議論には、相手を尊重する姿勢が求められるからです。共感やリスペクトを伴わない議論は、しばしば単なる言葉のバトルに陥ってしまいます。とげとげしいやり取りの中からは新しいアイデアはなかなか生まれないでしょう。感情の衝突や差別意識を産むことの方が多いのではないでしょうか。

これは人間の限界でもあります。私たちの想像力は極めて貧弱です。相手のことを想いやったり、相手の立場に立って何かを考えたりする能力を、私たちは生まれながらに持っているわけではありません。それは努力しなければ身につかないものなのです。そして、小さな村社会や家族の中だけならともかく、この複雑で広い世の中に住むすべての人の立場を慮ったり、自分と全くバックグラウンドが異なる人の想いを想像することは現実問題として極めて困難です。

ですから、あらゆる人が集うインターネット上の議論というのは、よほど気を付けなければ成立しないのです。議論を職業とする哲学者や政治家などであれば、少しは違うかもしれません。しかし、大多数の人は顔の見えない相手と議論することに慣れていません。

同じ人間であればすぐにわかりあえるというものではありません。お互いの表情を見ることができ、ある程度バックグラウンドを知っている場合でさえ、感情の行き違いから口論になるケースは少なくないでしょう。まして相手が何者なのかもわからないような匿名性の空間の中で、意見をぶつけ合い、新しいアイデアを生み出すのは簡単ではありません。

こうしたインターネットの限界を踏まえるならば、インターネットの匿名性の空間の中で他人と意見を交換することには、あえて慎重であってもいいと思います。きちんと実がある議論をしたいのであれば、ネット上でもリアルの世界で自分が知っている人との議論を優先する方が生産的でしょう。

ブログやSNSなどでは、簡単に自分の意見を表明することができます。そうした意見は、自分のことをよく知っている人には伝わるかもしれません。しかし、全く知らない、育った環境も使う言葉も異なる人たちには誤解されてしまう可能性は小さくないでしょう。そうした意見を見てあなたに議論をふっかけてくる人がいたとしても、そうして起きる議論が実りあるものになる可能性は残念ながら低いと言わざるをえません。

自分が間違っている可能性を認める

私は何も、インターネット上で議論をしない方が良いと言っているわけではありません。私が強調したいのは、一般に思われているよりも議論というものは成り立ちにくいものだということです。ある議論はその参加者が一定の「暗黙のルール」を共有しているときにしか成り立ちません。相手をリスペクトし、お互いが議論の行方に対して共通の目的意識を持っている、といった多くの条件が必要なのです。

民主主義においては、すべての人が議論を通じて意見を変えることが前提になっている、ということも認識される必要があるでしょう。だれもが小学校の時点で、民主主義の原則の中に「少数意見の尊重」が含まれていることを学びます。これは一見すると多数決で少数派になる弱者に配慮しようという「思いやり」のように感じられるかもしれません。

しかし、その含意は弱者の保護ではありません。少数者の方が正しい答えを持っているという可能性を認めるということがその本質なのです。

実際に、多数決で負けた側が後になって正しい認識を持っていたと判明することは少なくありません。そうした場合に、社会から少数意見を抹殺してしまっていては健全な発展の機会は閉ざされてしまいます。

言い換えれば、民主主義は誰もが「自分が間違っている可能性」について認めることが前提となっているのです。全知全能の神ではない以上、私たちの認識や知識や思考は限界を持っています。そうであるならば、正しい意見や正しいアイデアに接したときに自分がそれまで信じていたことを捨て、新しい意見に賛同することが必要になります。こうしたことが自分にもありえるのだということを認める謙虚さが、民主主義の前提なのです。

しかし、最近の政治をめぐる論評を見ていると、意見が「ぶれる」ということが批判の対象になっているように思います。もちろん、日和見主義や、定見のない人が軽蔑されるのは仕方ありません。しかし、民主主義とは極論すると「意見がぶれる」ことを前提とした制度なのです。

議論をする意義も、このことに関わってきます。異なる意見や知識を持つ人と議論することによって、私たちは自分が知らなかったことを知ることができ、新しいアイデアに接することになります。そして自分が相手の意見や相手の示す事実を正しいと思うのであれば、意見を変えるべきなのです。そしてそれはディベートと違い「敗北」ではありません。

これは議論を成立させる重要なルールと言っていいでしょう。議論をするからには、自分が間違いを認め意見を変えることを受け入れなければならないのです。こうした謙虚な姿勢を参加者全てが共有していない限り、議論というものは単なる競争や、相手を罵るショーになってしまいます。

勝った側の意見が正しいとは限らない

もうひとつネット上で論争する人々の間で、誤解されていることがあると思います。意見を戦わせた結果、勝敗が明らかになったとして、勝った側の意見や事実が正しいとは限らないということです。自分の記憶を振り返ってみてください。自分が明らかに正しいのに、言い負かされて悔しい思いをしたことがないでしょうか。

言論での勝負では、声が大きい人、思い込みが激しい人、そして恥を知らない人が強いことは皆さんのご承知の通りだと思います。そうした人たちが議論で「勝った」として、その人たちの主張が真実で、正しいとただちにいえるでしょうか。「勝つ」ことと「正しい」ことは、違うのです。

恋愛でも同じことが言えるかもしれません。2人がある1人の異性をめぐって恋のさやあてをしている場面を思い浮かべてください。相手の異性に自分の方を好きになってもらうのは簡単ではありません。言ってみれば奇跡に近い条件がそろった時なのではないでしょうか。

しかし、恋のライバルより優位に立つだけであれば、比較的簡単です。意中の異性に、ライバルの悪口をふきこめばいいのです。相手を貶めて優位に立つことは、実はそれほど難しいことではありません。

ただし、それは恋愛での勝利は意味しないでしょう。恋のライバルを蹴落としたとしても、他人の悪口を言い募るあなたのことを意中の異性は軽蔑するのではないでしょうか。もしかすると恋のライバルよりイメージはましだったとしても、悪口をいう前と比べ、信用はなくしているかもしれないのです。

ややこじつけに聞こえるかもしれませんが、これは議論でも同じです。ディベートで相手を負かすにはテクニックがあれば十分です。相手に勝つのは実はそれほど難しくない一方、その勝利が自分の意見の正しさを証明するものでもないのです。

真に難しいのは、自分が妥協点を見つけたり、相手を説得したりすることでしょう。自分と異なる思想やバックグラウンドを持った人を、自分の側に引き寄せるのは容易なことではありません。しかし民主主義とは、そうした説得を軸としたダイナミズムを組み込むための制度です。初めから参加者の意見が決まっていて変化しないのであれば、民主主義というのは単なる数の競争になってしまいます。そうではなく、議論を通じてお互いが意見を変え、ときには説得され、ときには相手に自分の意見に乗ってもらう、そうしたダイナミズムを前提にした制度なのです。

不毛な議論を避けるために

インターネット上の不毛な議論を見るたびに、私はこうした民主主義の本質を理解しなければ、宝の持ち腐れになってしまうのになあと、残念に思います。しかしこれは、ある程度仕方のないことでもあります。すでに述べたように匿名の相手と建設的な議論するというのは極めて難しいのです。

ですから、そうした不毛な議論はしない方がマシかもしれません。重ねて強調しておきますが、私はインターネットで議論をするなと言っているわけでは全くありません。インターネットは確かに便利な議論のツールです。

しかし建設的な議論をするには、お互いが先に述べたような暗黙のルールを共有し、冷静に意見を交換する雰囲気がなくてはなりません。言い換えると、インターネットを、すでにそうしたルールを共有していることがわかっている人との議論の道具に使うことには意味がありま す。逆に、匿名の空間の中に出かけていって、自分と異なる意見を持つ相手に喧嘩をふっかけて論破しても、それは何ら民主主義の深化にはつながらないのです。

そうした建設的な議論の場にふさわしいのは、もしかするとクローズドな空間なのかもしれません。その意味で参加者を限定することができるSNSは、議論をする場に向いています。実際に建設的な意見交換や議論が行えているのは、そうした空間の方が多いようです。

リアルでの経験がものを言う

インターネットは、使いようによっては深い議論や建設的なアイデアの生産に寄与するでしょう。しかし使い方を誤れば不毛な罵り合いだけを助長し、市民の分断を加速してしまうだけになるかもしれません。実際にそうしたリスクは顕在化していると言っていいでしょう。相手をネトウヨだとか反日だとか決めつけて罵る、集団でたたいて炎上させるといった行為は、最近目に余るようになっています。こうしたものが議論だと勘違いされれば、民主主義が迷走することは間違いありません。

おそらく、建設的な議論をする能力というのは、インターネットでは身につきません。実際に顔が見える仲間内で議論を戦わせ、建設的な意見の交換や構築を経験した人でなければ、インターネットを議論のツールとして使いこなすことは不可能なのです。

それはSNSにおける言論空間に参加する際も同じでしょう。リアルでつながり、信頼関係を構築している人の間でしか建設的なコミュニケーションは成り立ちません。それはおそらく、今後インターネットが進化しても変わらないのだと私は思います。ここでも、インターネットを使いこなすためには、リアルでの経験がものを言うのです。

17

「報じる側」と「報じられる側」を体験する

情報リテラシーを身につける上で重要なことは、客観的な視点を手に入れることです。マスメディアなどから与えられた情報を鵜呑みにせず、一歩引いたところから吟味する姿勢が重要なのです。こうした考え方自体は、ここ20年ほどの間に「リテラシー」という言葉とともに、一般の人にも知られるようになりました。

しかし、本当の意味で情報リテラシーを理解するには、そうした「知識」だけ持っていても十分ではありません。「情報を疑う」という態度は確かに重要なのですが、具体的にどう疑うかという技術論が伴わなければ、単なる掛け声だけの精神論になってしまうからです。

とくに気をつけなければならないのが、「報道を疑う姿勢」の意味です。これはとても重要なことなのですが、一歩間違えると、報道内容の真偽を見極めたり、質を吟味したりすることを放棄し、「報道は嘘ばかりなので信じない」といった極端な結論に至ってしまうからです。

それだけならあまり実害はないとしても、マスコミ情報を信じない代わりに、ネット上に溢れる真偽不明の情報は信じる、といった倒錯が起きると大変です。これは情報リテラシーという観点からすれば、最悪の事態といっていいでしょう。

報じる側に立ってみてわかること

しかし、一般の人にとって、情報の「限界」を理解し、「正しく疑う」ことは容易ではありません。これは、私自身が新聞社に就職し、一読者から記者の側に移ってみて、実感したことです。

私は学生時代からマスコミやメディア論について興味があったので、報道が抱える問題については様々な本や論文を読んでいました。報道を鵜呑みにしてはいけないということは頭ではわかっていましたし、意識して「批判的な視点を持って報道を見る」ことを実践していました。自分ではかなりメディアリテラシーが高いと思っていたのです。

ところが、報道する側に回ってみると、自分がそれまで持っていた「批判的な視点」が、いかに的外れであったのかに気づかされました。

例えば学生時代、私は新聞記者に無知で浅薄なイメージを持っていました。とくに、自分がある程度の知識を持っている経済分野の報道になると、どうしても記事の不備が目につきました。解説記事で、自分が重要だと思う論点に言及がなかったり、経済現象について説明する際、かなり乱暴な単純化をしたりしていたからです。

率直に言えば、「どうして別の視点から分析しないのか」「これでは不正確だ」などと、イライラしながら記事を読んだものです。

しかし、いざ自分で記事を書いてみると、「意外に書きたいようには書けないものだ」と実感することになりました。それは、政府や大企業からの圧力が怖くて批判的に書けないとか、記者の知識が足りないといった、学生時代に自分が思っていたのとは、まったく違う原因によるものでした。

これは「報道の限界」でも触れましたが、大きな原因は2つです。一つは、紙面という物理的な制約です。新聞記事は長いものでも、せいぜい1000~1500字程度に収めなければなりません。すると、たくさんある事実や考え方のうち、一部しか紹介することはできません。優先順位をつけ、ほとんどの部分は切り捨てなければならないのです。原稿用紙で数十枚は書ける学術論文とは、まったく違う世界なのです。

もう一つは、新聞が「マス」メディアである以上、幅広い読者が読んでわかる必要がある、ということです。例えば日経新聞の朝刊は約300万部、発行されています。読者の多くがビジネスパーソンなので、かなり読者層は絞り込まれていますが、それでも経済についての知識レベルは様々です。

学歴も中卒から博士号の保持者まで多様ですし、職歴によっても詳しい分野とそうでない分野が違ってきます。それらの人が、とりあえず記事を読んで理解できるように書かなければならないのです。この点は、朝日新聞や読売新聞などの一般紙では、さらにハードルが高くなります。

知識に乏しい人でも理解できる記事にしようと思えば、どうしても説明は長くなります。すると、先に述べた字数制限とも相まって、書けることはどうしても減ってしまいます。さらに、正確性を犠牲にしてでも、一般の人がわかるよう、単純化した説明をしなければならなくなるのです。

例えば、つい10年ほど前まで、新聞は銀行のＡＴＭが記事に登場する時は、「ＡＴＭ（現金自動預け払い機）」と書いていました。カッコ内は多くの人にとっては不要でしょうが、お年寄りなどにはアルファベット3文字だけでは通じないケースが少なくなかったからです。このカッコ書きの説明だけで、11文字必要で、紙面ではほぼ1行分にあたります。記事全体の字数を変えられないのであれば、その分、他の説明を削る必要があるわけです。

知識のない人に専門情報を伝える難しさ

単純化も避けられません。私が東京で銀行担当をしていた２００３〜０５年ごろは、銀行の経営危機が深まった時期でした。その要因の一つが「繰延税金資産」という項目で、記事にもしょっちゅう登場しました。

おそらく大半の人にはなじみがない用語だと思いますが、簡単に言えば、将来の損失に備えて引当金を積んだ企業が計上できる、バーチャルな資産のことです。当時の銀行は、企業に貸し出したお金が、景気の悪化とともに回収できなくなっていました。こうした融資は不良債権と呼ばれます。それを「処理」する手続きの一つに、引当金を積むという方法があります。例えば100億円が回収不能になりそうなら、とりあえずそれを補塡できるだけのお金を用意しておくのです。

しかし、実際に融資先の企業が倒産するなど「回収不能」が確定するのは将来のことです。言い換えると、まだ損失は確定していません。もし確定しているなら、その処理は「コスト（経費）」なので、銀行は利益から差し引いた上で納税額を決めることができます。つまり、払う税金が減るわけです。ところが、実際にはまだ融資先がつぶれると決まったわけではないので、今の段階では税の控除が受けられません。つまり、引当金を積んでも、税金は減らないのです。

これでは銀行が引当金を積む処理を躊躇してしまいます。そこで、こうした引当金には優遇制度が設けられています。税の控除が受けられない代わりに、将来、利益から控除できる分を「資産」とみなして計上できる、という仕組みです。

ただし、これはバーチャルな資産です。問題になるのは、もし将来、赤字が続いて利益がでなければ控除されない、つまり資産が絵に描いた餅になってしまうという点です。繰延税金資産を計上する時は、5年先までの利益の見込みをもとに額を決めます。すると、例えば経営が悪化してこれから赤字が続きそうだということになれば、資産が泡と消えてしまうのです。

実際に、銀行の利益見通しが下方修正されて、こうした資産の目減りが起きたことが、20

００年代初めに相次いだ銀行の破綻や再編の原因でした。

しかし、ここまで書いてきた説明からもわかるように、「繰延税金資産」という概念は複雑です。銀行員や税の専門家にはなじみのある用語でも、大半の読者には意味がわからないのです。そこで、この用語を記事で使う時にはＡＴＭと同じように、最低限の説明をつけることになっていました。カッコ書きではなく用語の前に決まり文句をつけることを和歌になぞらえて「枕詞をつける」と言ったりします。繰延税金資産の場合、この枕詞は「税の戻りを見込んで計上する（繰り延べ税金資産）」などとしていました。

見ての通り、これだけで新聞紙面で2行分も長くなってしまいますが、もっと大きな問題はこの説明にはかなり乱暴な要約があるということです。つまり、正確に言えば「税金の戻り」ではなく、「税金の控除」だということです。しかし、そのメカニズムまで書き込むと、枕詞は「将来発生する利益の見込み額から税控除できる分を資産計上する繰り延べ税金資産」など、30文字くらいになってしまい、説明も難解です。小さいベタ記事だと１５０字くらいなので、この枕詞だけで5分の1を占めることになります。そこで、実質的には税金が戻ってくるのと同じだろう、という理屈で簡略化した説明にしたのです。

ただ、専門家の目には、この表現は「不正確」と映ります。実際、読者から間違いだと指摘されることはあり、その度に事情を説明していました。

これらはあくまでも、ほんの一例にすぎません。限られた字数の中で、十万、百万単位の人が理解できるように書くためには、様々なものを犠牲にする必要が出てくるのです。

書き手の視点に立つことを経験する

メディアリテラシーを高めるには、こうした報道の限界を「書き手の視点」に立って理解することが必要になります。しかし、マスメディアで働いた人にしか理解できない、ということなら、話はそこで終わってしまいます。一般の人は、どうすればいいのでしょうか。

最も簡単な方法は、擬似的に「報じる側」を体験してみることでしょう。かつては記者クラブに所属していなければ様子を見ることができなかった記者会見も、現在ではインターネットで中継されています。首相や官房長官の定例会見、企業の不祥事を受けた緊急会見などは、後からアーカイブで視聴することも可能です。

私がお勧めしたいエクササイズは、そうした無編集の記者会見の動画を見たうえで、それを記事にしてみることです。具体的な方法を説明しましょう。

ポイントは、なるべく自分を記者と同じ条件に置くことです。それは記者が置かれている環境の限界を体感し、それによって生じる情報の限界を知るためです。

そのために不可欠なのは締め切りの設定です。動画を見て何分以内に原稿を仕上げる、といった時間的な制約を自分に課したうえで執筆するのです。実際の記者の締め切りは、会見が始まった時刻や、自分が所属している媒体の締め切りによって異なります。ただ、ネットに流れる速報の場合はスピードが求められるため、例えば1時間の記者会見を聞いて、その1～2時間後には原稿をネットに流さなければなりません。実際にはデスクのチェックや編集を受ける時間も必要なので、速報用の原稿は、記者会見の最中から書き始め、会見終了後、1時間程度で掲出されていると考えてよいでしょう。

ですからこの訓練をする場合も、会見の動画を見終わって1時間以内に原稿を書き上げるというような設定をすればいいと思います。

同様に字数の制限も決めて書くべきです。新聞の場合は特に顕著ですが、記事には字数制限があります。1時間の記者会見を元にした原稿でも、速報であればせいぜい400～600字程度にまとめなければなりません。ネット記事には物理的な制約があまりないように思えるかもしれません。しかし実際には速報を利用するユーザーが求めている分量が存在します。速報のユーザーはあまり長い原稿は望んでいません。解説記事ならともかく、事実だけを淡々と伝えるストレートニュースでは、短時間で記事を読んで理解できる方が利便性が高いからです。

例えば、第一報のフラッシュニュースであれば、会見終了後30分までに300字程度、少し詳しい記事であれば600字を1時間後に仕上げる、といった目標にしてはどうでしょうか。こうした条件を設定した上で会見動画を見て原稿を書くわけです。

捨てなければならない情報の多さを知る

もう一つ忘れてはならないことは、どういった読者に読んでもらうか、という設定です。新聞社の流す速報は基本的に義務教育を終えた人なら誰でも読んで理解ができることを前提としています。例えば記者会見で出てきた専門用語が一般の人にはなじみがないものであれば、文章の中で「何々であるところの何々」という枕詞をつけなければなりません。

さらに専門的な用語や概念の場合は、解説もつけなければならないでしょう。これは業界用語では「とはモノ」と言われます。こうしたものも、当然制限字数の中に入ってきます。

実際に動画を見て一般の人でもわかるように記事を書いてみれば実感できるように、なんでもないストレートニュースも、実は結構手間がかかります。

まず、1時間を超えることも多い会見で出てきた情報を、300〜600字でまとめなければなりません。会見で語られたことを全て盛り込むのは不可能です。そうであれば、どこが最も読者にとって意味があるのか、会見によって新しく明らかになったことは何なのか、といったことを、会見を聞きながら同時並行で判断しなければならないのです。

さらにそれを、一般の人でもわかるようやさしく書くのも簡単ではありません。会見が開かれることになった経緯も原稿に盛り込まなければなりませんし、会見の中で出てきた専門用語や、固有名詞なども場合によっては嚙み砕いて説明しなければなりません。

実際にこうした作業をしてみると、重要であるにもかかわらず捨てなければならない情報が、いかにたくさんあるかが実感できるでしょう。そして、重要な情報が削られる理由が、読者から真実を隠蔽するためではなく、むしろ読者の利便性のためであることが理解できると思います。例えば、会見の中で3つの重要な真実が明らかになった場合、最初の1つしか紹介できないということは、しばしば生じるのです。

また、時間の制限が意外に厳しいことも実感できると思います。例えば1時間という制限時間を設けた場合でも、長いようで決してそうではありません。自分自身が会見でわからなかった部分を追加で調べたり、たくさん出てきた事実の中から何を選んで記事にするのかを考えたりする時間を含めると、実際に執筆に充てられる時間は極めて短いのです。

現実の新聞記者も、そうした追い込まれた状況の中で記事を書いています。もちろん記者はプロですから原稿を書くのは早いですし、多くは記者会見に臨む前にある程度の予習は終えています。しかし、いくら熟練の記者といえども、会見で語られるテーマについての専門家であるとは限りませんし、自分がこれまで書いてきた記事とのつながりを意識しなければならないなど、さらに多くの制限のもとで執筆しなければなりません。いずれにせよ、報道する側の限界は、こうした擬似体験を通じて理解することができると思います。

こうしたシミュレーションを行うと、ネットやマスメディアから流れてくる情報が、事実の一部でしかないことがわかるでしょう。また、岡目八目で見れば明らかな情報の偏りや不親切な説明にも、それなりの理由があることも理解できるのではないかと思います。記者は極めて限界に近い状況の中で記事を書いているからです。

報じられる側の視点を得る

「報じる側の視点」に加えて、もう一つ重要なのが「報じられる側の視点」です。「報道を受け取る側の視点」と合わせ、これら3つの視点を獲得することがメディアリテラシーの最終目標だといってもいいと思います。

さて、「報じられる側の視点」を得るためのロールプレイングについて紹介しましょう。これは先ほど紹介した、報じる側に立つ練習よりは、ずっと設定が難しいと思います。

私は2016年から関西大学でネットジャーナリズム実習という授業を担当しています。この実習では、2人一組でインタビューをしてもらい、それを記事にするという回を設けています。インタビューをもとに記事を書くことも重要なのですが、インタビューをされる側として、自分の伝えたいことと、実際に記事になる内容がどのようにズレるのかを体験してもらうことが最大の狙いです。

例えば、テーマを決めて30分話を聞き、それを1時間ほどかけてQ&A形式の記事にします。こうした方法であれば、協力者が1人いれば試してみることが可能でしょう。

自分について書かれた記事を読めば、自分がしゃべったつもりであることと記事の中身がいかに違うかに気づかされると思います。先ほどの会見と同じで、しゃべった内容の中で記事になるのはほんの一部です。どの部分を抜き出すかは、聴き手側が何を面白いと思い、何を読者に伝えたいと思うかによって変わってきます。自分が読者に伝えてほしいと思った部分が聴き手側のそうした判断と一致するとは限らないのです。

また、記者役とのコミュニケーションがうまくとれていない場合、自分が言ったことが少し違うニュアンスで受け取られて記事になる場合もあるでしょう。そうしたもどかしい体験をすれば、報道も人間がやっている以上はコミュニケーションの限界から無縁ではないことがわかるはずです。決して相手に悪意がなくても、インタビューを受けている側が最も書いてほしいことを書いてくれず、逆に、さして重要だと思っていなかったことや、話した中で、できればクローズアップしてほしくなかった部分が記事になることもあるのです。

これは伝言ゲームに似ているかもしれません。伝言ゲームでは、口移しに情報が人から人に伝わる過程で少しずつニュアンスが違ってきてしまいます。そして何人かを経るうちに全く違うイメージができあがってしまうことが、このゲームの面白さでしょう。

多かれ少なかれ、報道においてもそうした情報の変質は生じるものなのです。もちろんプロのジャーナリストは、そういうことがなるべく起きないように注意しているものです。しかし、取材先がどれだけ協力的かや、コミュニケーション能力がどれだけ高いかは、ケースによって異なります。非常に話がうまい人がいれば、そうでない人もいます。真意がわかりにくい話し方をする人も現実にはたくさんいます。そうした人の語る情報を文字にするときに、誤解や意識のすれ違いが生じることは、ある程度は避けられないのです。

それをいかに排除するかがプロの仕事の腕の見せ所ではあります。しかし一方で、ジャーナリストが常にそうした困難と直面していることも忘れないほうがいいでしょう。相手の言ったことを曲解して記事にしようとしなくても、行き違いから誤解が生じるような表現を使ってしまったり、話し手の意図を誤解して記事にしてしまったりすることは、しばしばあるのです。

真のリテラシーを身につけるために

このように、真のリテラシーを身につけるためには、読者の側としての視点だけでは不十分です。報じる側と報じられる側も、何らかの形で体験する必要があるのです。そこから得られる気づきは、決して小さくありません。少なくとも、「情報は疑え」というありきたりのスローガンでわかった気になっているよりは、ずっと実践的です。

一応、付け加えておくと、私は何もジャーナリストとして言い訳をしたいわけではありません。ジャーナリストは、ここで述べたような限界を克服し、真実を追求しなくてはならない職業であることも事実です。しかし、一方で様々な限界を抱え、たとえ政治的な思惑や悪意がなくても誤報や偏向報道が生じてしまうものなのだという必然性も、理解しておいてほしいのです。

中立公平な報道というものは端的に言って不可能です。全てを文字にすることができない以上、あるいは人間の言葉がどうしてもあいまいさを含んでしまう以上、報じられる側を含め万人が納得する報道をすることは不可能です。メディアリテラシーとは、そうした限界を意識して情報を読み解く姿勢だと言っていいでしょう。それは報道を疑うというだけではなく、報道の背景やそこで生じるさまざまな限界を知った上で情報を分析するということなのです。

5 章
メディアのこれから

18

「紙からネットへ」という変化の本質

ネットメディアの台頭に伴い、新聞やテレビなどの既存メディアは劣勢に立たされています。ネット上では「誤報」や「偏向報道」についての批判が飛び交い、それまで保ってきた高い信頼性や権威にも疑問符がつきました。「新聞離れ」「テレビ離れ」で経営の基盤も揺らいでいます。

これは単に、古いサービスが飽きられ、新しいサービスに取って代わられつつあるという、よくある図式なのでしょうか。あるいは、新聞の政治的偏向や誤報が新聞離れを促しているのでしょうか。

もちろん、間違いなくそういう側面はあるのでしょう。新聞の論説の内容や取り上げるニュースの選び方に、人々が反感を覚えているのも事実だと思います。通勤時間にニュースを読む媒体として、紙よりスマホの方が便利なのは間違いありませんし、ネットで無料のニュースが手に入るのであれば、新聞などいらないと考える人が増えるのは当然でしょう。

しかし、もう少し視野を広くとり、長いスパンで考えれば、それとは違った風景が見えてくるかもしれません。ここでは、ネットというメディアがそもそもどんな特徴を持つ媒体であり、今後、どのような発展を遂げていくかについて考えてみたいと思います。それを考えることで、既存メディアとネットの関係や未来の姿が、これまでと違った角度から見えてくることもあるのではないかと思うからです。

マクルーハンの『メディア論』から

メディアやジャーナリズムについて考える人たちの間で、一種の古典として読まれてきた本にマーシャル・マクルーハンの『メディア論』（みすず書房）があります。実際に読んだことはない人でも、この分野に関心があれば「メディアはメッセージである」とか「身体の拡張としてのメディア」という言葉を耳にしたことがあるはずです。

この本が出版されたのは１９６４年で、日本で言えばちょうど東京オリンピックが開かれた年になります。日本でもそうであったように、先進国では急速にテレビが普及し、新聞も部数を増やしていた時代です。インターネットはまだありませんが、エレクトロニクス産業が急速に発展し、情報産業にイノベーションの時代が到来した時期でもありました。

こうした時代の変化を、マクルーハンは「メディアによって人間が拡張されていく」という側面から捉えました。例えば、世界中のニュースをリアルタイムで見聞きできるテレビやラジオは、人間の目や耳の機能を拡張したものだということができます。彼はさらにメディアの概念を広げ、例えば足の機能を拡張する自動車もメディアの一つとして捉えています。もっとも、『メディア論』を現時点で読むと、ほとんどの人は書かれている内容に違和感を持つと思います。それは、同書が出版されてちょうど半世紀の間に、同じ「新聞」「テレビ」というメディアでも、その性格が大きく変わっているからです。マクルーハンが論じている新聞やテレビと、私たちが見ているそれらの媒体は、名前こそ同じでも、まったく違うものになっているのです。

例えば当時のテレビは、まだ生放送が中心です。すでに録画技術はありましたが、ビデオテープは高価で、今ほど気軽に使えるものではありませんでした。日本の場合、それを象徴するのは1958〜66年にNHKが放送した、新聞社を舞台にしたドラマ、『事件記者』です。池上彰さんをはじめ、多くのジャーナリストがこのドラマの影響を受けて記者を目指したと語っていますが、それほどの国民的番組でありながら、今では見ることのできない「幻のドラマ」になっているのです。生放送だったため、録画がほとんど残っていないのです。

言い換えれば、当時のテレビでは、ドラマを再放送したり、ニュース映像で同じ場面を何度も流したりすることは今ほどなかったということです。その意味では、現在の演劇に近い一回性のメディアだったのです。よく知られているように、東京オリンピックはカラーテレビが普及するきっかけになりましたが、そのころでもまだ、今と比べるとずっと多くの放送が、無編集でぶっつけ本番の「生」だったわけです。

新聞は眉をひそめるようなメディアだった

こうした時代による違いは紙メディアでも同じです。『メディア論』には新聞について論じた項がありますが、現代人が読むとかなり戸惑うはずです。まず、彼が新聞（当然、北米の新聞ですが）を、知識人が眉をひそめるようなメディアとして扱っていることに違和感を覚えることでしょう。

新聞の軽薄さと新聞がもつ集団暴露および共同体内の視点一掃的性格を嘆く人びとは、メディアの本質を無視して、新聞に本であれと要求しているのも同然であって、とくにヨーロッパにおいてその傾向が強い。

本志向型の人間は、新聞は、社会という衣の下に隠れた暗黒面について埒もない報道を繰り返していると嘆く。これまた、新聞の集合的なモザイク形態を誤解している。本も新聞も、その形態からして、内幕話を暴露する任務を負っている。

新聞がモザイク的な参加型の組織であり、「自分でやる」式の世界であるという事実に十分な注意を払えば、なぜ新聞が民主主義的政治にとってこれほど必要なものであるかが理解できる。（いずれもマクルーハン『メディア論』「新聞」より）

タブロイド紙ならともかく、ニューヨークタイムズやワシントンポストなどに、マクルーハンが指摘したようなイメージを持つ人は、今ではほとんどいないはずです。日本でも、スポーツ紙はともかく、全国紙や地方紙を軽薄で暴露的と感じる人は少数派でしょう。むしろ、今では「新聞を読むと知識人ぶっていると見られる」という理由で敬遠する若者が多いという話さえ聞きます。

また、この抜粋からもわかるように、マクルーハンは新聞を「本」と対比しています。本が、一人の書き手から多数の読者に語りかけるスタイルなのに対し、新聞は共同体の「集団的なイメージ」を反映する媒体だと見ています。そして、人びとはそれに対し参加意識を持つ、というのです。

確かに本と新聞という対比に限れば、今でも一定の説得力がある主張かもしれません。しかし、新聞が「モザイク的な参加型の組織」で、「自分でやる式の世界」だと言われてピンとくる人はほとんどいないのではないでしょうか。

本に近づいた現在の新聞

ここまで読んで気づいた人も多いと思うのですが、実は上記の引用箇所に限らず、マクルーハンが本と新聞を対比している部分は、「本」を「新聞」、「新聞」を「ネット」に置き換えると、しっくりくることが少なくありません。

言い換えれば、1960年代の新聞は、今のネットに近い存在だったのです。

これは、30～50年前に新聞を毎朝読んでいた人にとっては、実感としてもわかるのではないでしょうか。

私自身も、ほんの20～30年前、毎朝、新聞が届くのを心待ちにしていたことを覚えています。ページをめくり、数ある記事の中から面白そうなものを探して読む。これは最初から最後まで著者の思考をなぞる書籍とは異なる、ネットサーフィンに通じる感覚だったと思います。そうやって読んだニュースは、社会人が職場で同僚たちと会話するときの格好のネタでもありました。これはまさに、現在ではネットが果たしている役割そのものです。

新聞は現在、どんな存在になったのでしょう。先ほど、マクルーハンの記述にある「本」を、「新聞」に置き換えるとしっくりくると述べました。欧米と日本を同列に語るのはやや強引かもしれませんが、この感覚は先進国で共通する、新聞のある変化を示唆しているように思えます。

それは、新聞が共同体の集団的イメージを語る「モザイク」としての存在から、いわば「知識人の一人語りメディア」になったのではないか、ということです。

　少しわかりづらいかもしれませんが、こういうことです。例えば私たちは大きな事件が起きたとき、翌日の朝日新聞がそれをどう論評するか、あるいは産経新聞がどんな視点から報じるかをほぼ正確に思い浮かべることができます。これは、新聞という媒体が、高度に統合されたアイデンティティーを確立していることを意味します。わかりやすく言えば、私たちはまるで「朝日さん」や「産経さん」といった一人のキャラクターがニュースを語り、何かを主張しているような錯覚を覚えながら、それぞれの媒体と接しているのです。

　これはマクルーハンが述べた「モザイク」とは対極の存在です。むしろ、彼が想定している「本」に近いといっていいでしょう。新聞が「人格」を持ち、人々のイメージの中で擬人化されてしまえば、それは集団的イメージを伝える媒体ではなく、あたかも「朝日さん」というリベラルな知識人や、「産経さん」という保守的な頑固オヤジが執筆した「本」のような存在になります。

　同時に、かつての新聞が人々に提供していた「参加意識」は消滅します。あくまでも紙面の向こうにいるのは「新聞さん」という一人のキャラクターであり、「社会」や「共同体」ではないからです。

マクルーハンの新聞論をネット論として読む

いうまでもなく、現代人が「社会」や「共同体」を見る媒体は、新聞ではなくSNSなどのネットメディアになっています。現在では、マクルーハンの新聞論はネット論として読んだ方が、理解しやすいのです。

こうした変化は、ネットの登場によって起きたのでしょうか。もちろんSNSなどの普及がそれを促した側面はあるでしょう。しかし、私はネットが登場する以前から、新聞の「本」化は進んでいたのだと思います。それはおそらく、新聞社が企業として成長し、成熟していく過程で起きた変化だからです。

私が新聞社にいたのは1999年からの15年間ですが、その間でも「社論」のしばりが、どんどんキツくなっていったという実感があります。社論というのは新聞社の「社説」とほぼ同義で、社としての方針、主張のことです。各新聞社には、例えば安保法制に賛成か反対か、リベラルか保守か、といった基本的な哲学があり、社説欄にはそれに沿った論評が載ることになります。それだけではなく、数あるニュースから何をピックアップして報じるかや、どのような視点から報じるかにも影響を与えるものです。

こうした社としての方向性は、企業が組織として洗練されるほど一貫性が出てきます。官僚化が進み、「このニュースであればウチならこう報じる」といった「型」が確立していくのです。

これは、ある意味では媒体としての進化であり洗練です。同じ紙面の中で矛盾する見解が示されたり、主要読者の神経を逆撫でするような主張が展開されたりするケースは減るからです。読者の側から言えば「安心して読める」媒体になった、ということもできるでしょう。

しかし、その代償として面白味はなくなります。週刊誌のような暴露的な記事は減り、当たり障りのないお利口さんの意見が紙面を埋め尽くすようになります。そして、そのどれもが「いかにも○○新聞が書きそうな」内容になっているのです。マクルーハンの言葉で言えば「モザイク」ではなくなり、良い意味で予想を裏切られるワクワク感や刺激は失われます。

新聞はわれわれが知力を行使するときに覚えるあの興奮をもう一度味わわせてくれる。（中略）人間の感覚と機能を外的に拡張したもの、それが他ならぬメディアと呼ばれるものだが、われわれがそれを絶えず用いるのは目や耳を絶え間なく使うのと同じであり、また動機も同じである。ところが本志向型の人間は、複数のメディアを絶え間なく用いるのは下等なことだと考える。それは、本の世界の人間には馴染みのない事柄だからである。

（前掲書）

ここには、なぜ「マス」メディアとしての新聞が、ネットに敗北しつつあるのかが明確に示されているように見えます。もちろん、この文章の「新聞」を「ネット」に、「本」を「新聞」

に置き換えれば、ということです。

ネットは、まさに目や耳を絶え間なく使うタイプの刺激的なメディアです。身体の拡張という意味で付け加えるなら、脳（記憶）や口など新聞以上に多くの人間の感覚や機能を広げるものでしょう。そこに身を投じる興奮は、現在の新聞の比ではありません。社会や共同体に飛び込み、その変化や変革に参加しているという実感を持つことができるからです。

逆に新聞は、洗練を繰り返して一種の一人語りメディアになったことで、「本志向の人間」のための嗜好品になったと言えるでしょう。実際、新聞が最も信頼できるメディアだと考える人たちにとって、ネットは「便所の落書き」であり、胡散臭い代物です。しかし一方でそれは、かつて本志向の知識人が眉をひそめながら見ていた「新聞」と同じ魅力を持っているのです。

かつて新聞記者はアウトローだった

厳密な検証をしていないので、あくまでも私の印象論ですが、こうした変化の背後にある新聞社の組織的高度化は、１９７０年代以降に急速に進んだのではないかと思います。皮肉なことに、部数が伸びて企業として成長する中で、のちに大衆メディアとしての地位をネットに奪われていく下地ができていったのではないでしょうか。

それはおそらく、先進国では多かれ少なかれ共通して起きた変化だったと思います。例えば

1972年のウォーターゲート事件を描いた映画『大統領の陰謀』を見ると、そうした変化の予兆がすでに現れています。

まず、事件を追う2人の記者のうち、1人は高卒で叩き上げのベテラン、もう1人はエリート大学卒の新人です。現在、ワシントンポストのような大手紙に、高卒の記者はほとんどいないでしょう。それどころか、大学院でジャーナリズム教育を受け、地方紙で数年は修業を積まなければ採用されないはずです。

これは日本でも事情は同じです。1960～70年代の新聞社には、学生運動で大企業に就職できなかった人などがたくさん入ってきていたし、高卒で記者になる人もいました。しかし現在、朝日新聞や日経新聞に入ってくるのは、いわゆる有名大学の出身者ばかりです。

要するに、このころから、記者は専門教育を受けた「知識人」が就く職業になっていったのです。この時期、「市民の側に立って権力と対峙する正義の味方」としての記者像も、確立していったのではないかと思います。映画で言えば、1970年代に日本に入ってきた映画『スーパーマン』も、主人公は新聞記者です。

もちろん新聞や記者は、フランス革命の時代から市民の味方としての使命感やセルフイメージを持ってはいたでしょう。ただ、同時に社会的にはどちらかといえばアウトローであり、決してエリートではなかったはずです。日本でも「ブン屋」という呼び方に象徴されるように、一般市民から見れば、怪しさやいかがわしさも秘めた存在だったはずです。

しかし、体系化されたジャーナリズム論が大学院で教えられるようになり、新聞社も普通の大企業の体裁を整えていく中で、記者の「あるべき姿」はどんどん洗練されていきます。食いっぱぐれた「はぐれ者」の仕事ではなく、（現実の姿はともかくとして）高い倫理観や、高度な知識を求められるようになっていくのです。

実際、全国紙の記者と聞いてどんなタイプの人物像が思い浮かぶでしょうか。高学歴で偉そうなことを言う、鼻持ちならないエリート、というのが相場でしょう。

それは擬人化された新聞の姿でもあります。一般市民は、そうした人々に共感を覚えません。ジャーナリストの側は市民を代弁しているつもりでも、市民の側は彼らを権力の一部としか見なくなるのです。これは、繰り返しになりますが、新聞の商業的な成功が必然的にもたらした結果だったといえます。

多くの人には、新聞記者が政治的にどんどん偏向してきた、というイメージがあるかもしれません。しかし事実は逆で、今の記者たちは70年代ごろに比べればずっとノンポリです。少なくとも全国紙では、20～40代の記者でゴリゴリの右翼や左翼という人はほとんど見ることができません。また、新聞に保守やリベラルといったカラーがある点は昔から変わりません。もし昔と今で違いがあるとすれば、紙面の隅々にまで社論が行き届くようになった、ということでしょう。

新聞紙面がそなえていたアナーキーさ

１９９０年代ごろでも、新聞にはまだモザイク的な性格が残っていました。社論はあっても今ほど紙面に統一性はなく、別の言い方をすれば記者の雑多な考え方が反映されていたのです。

私は今でも、大学受験に失敗して浪人中だった１９９２年に、国連平和維持活動（ＰＫＯ）協力法案について各紙の記事を読み比べた時の衝撃を覚えています。法案が衆院を通過した翌日の６月16日、図書館で初めて読売、朝日、毎日、産経という四大紙をまとめて読んだのです。驚きの一つは、法案に対する評価が全くと言っていいほど異なっている、ということでした。

朝日新聞がけしからん、と批判している一方、読売新聞は国際貢献のために汗を流すのは当然だと論じていました。そこまでは想像の範囲内だったのですが、産経新聞は、平和を維持するには血を流すことも覚悟すべし、という論陣を張っていたのです。当時、私はリベラル系の新聞しか読んだことがなかったので、これほどまで新聞によって論調が違うとは思っていませんでした。つまり、当時からそれくらい新聞は「偏向」していたのです。

実は、もう一つ驚いたのは、毎日新聞の紙面のアナーキーさでした。リベラル系である毎日は、当然のことながら社説で「自衛隊派遣に歯止めを。ＰＫＯ法で民意を問え」と訴えていました。「国民の代表として、憲法を守るべき立場にある国会が、国民の意思を問うことなく、どこまでも憲法解釈を拡大するというのでは、議会制民主主義の根幹が揺らぐことになる」と批判しています。

私もそこまでは読む前から想像がつきました。紹介される市民の声も、不安や懸念に焦点を当てており、社論に沿った紙面づくりがなされています。

ところが、同じ日の「近聞遠見」というコラムでは、記者たちがそうした見方に同調しているとは限らないことが露わになっています。ロンドン特派員たちが、参議院本会議での「牛歩戦術」のテレビ中継を見て語り合った内容が紹介されているのですが、湾岸戦争の報道に携わったという40代の記者はこう述べたといいます。


「日本が国連指揮のPKF（平和維持軍）に兵力を出すのはあまりにも当然のことで、世界の常識だ。それが軍国主義や侵略につながるという短絡思考は国際的には通用しない。ナンセンスですね。経済大国になって、新しい秩序づくりの中核にならなければならないのに、なんでこんなことでゴチャゴチャやってるの、という感じです」


この主張は、ほとんど読売新聞の社説と同じです。さらに、同じく40代の経済記者は、

「民主主義とは何か、日本は考えたことがないんじゃないの。選挙やれば民主主義みたいに誤解している。イギリスは民主主義を発明した国だから、苦労の歴史もあったけど、要

するに多数決じゃない。どうやって説得するか、論証するかが勝負なんでね。それが民主主義。最終的には人前でディベート（討論）して、決着をつける。もっと言えば、政治家個人の良心の問題なんだ。日本とは全然違いますね」

と辛辣です。これは、野党のイレギュラーな国会戦術に一定の理解を示した社説への当て付けとも読めます。50代の欧州総局長の意見も面白くて、

「国際協調でも、日本は独自性を出していいと思いますよ。オレはこうだ、と。湾岸の時に『カネだけ出すのが日本のやり方だ』と言うならそれでいい。そのかわり、批判されても頑固に貫く、意地でも曲げないということでないとだめなんで、二十年くらいのタームで変えてはいけない。残念ながら、それがないですね。カネを出せ、と言われれば出す、人を出せ、と言われれば出す。世界の大勢への順応主義でしかない」

と話したというのです。いずれも、今ならツイッターで賞賛や批判が飛び交いそうな意見です。ちなみに、コラムの中で発言者はすべて実名で登場します。

毎日新聞は、今でも記者の個人的な意見を比較的、表明しやすい社風だと思います。ただ、社説を真っ向から批判、揶揄するかのような発言を載せることはさすがにないのではないで

しょうか。何しろ、よりにもよってPKO法案批判を全面展開している日の紙面なのです。

これは、マクルーハンが「モザイク」と表現した、かつての新聞が持っていた融通無碍さをよく表していると思います。これだけ多様な意見が載っていれば、確かに「集団的イメージ」を提供していると言えるし、読者も侃侃諤諤《かんかんがくがく》の議論に自分が参加しているかのような感覚を持つはずです。

コンプライアンスの強化と共に

こういった自由さ、いい加減さは、多かれ少なかれ他の新聞も持っていました。私が入社したころの日経新聞も、デスクと示し合わせてうまくやりさえすれば、記事に日経に批判的な識者のコメントを紛れ込ませたり、社論に反するような専門家の原稿を載せたりすることは可能だったのです。

そういうことが難しくなっていったのは、新聞社のコンプライアンス（法令遵守）強化などと同じ流れでした。幹部が紙面の隅々にまで目を通すようになり、世間からバッシングを受けるような取材や表現だけでなく、社論との整合性についても厳しくチェックするようになっていったのです。

記者の行動についても同じでしょう。私が新人記者だったころにはすでに消滅していましたが、かつて記者クラブでは賭け麻雀が普通に行われていたと聞きます。それも、警察や役所の記者クラブで、です。裏金でクラブ員と役人の親睦会を開いたり、記者が異動になる際に政治家が餞別を渡したりといった慣行もありました。今だと大問題ですが、１９６０〜70年代ごろの雑誌などを読めば、当時の現役記者やＯＢがそうした慣行が存在することを認めているのです。一般の印象とは逆に、最近の記者は、その当時と比べればよほど権力から距離をとり、クリーンな取材をしていると言っていいでしょう。

こうした変化は、企業統治（ガバナンス）という側面から見ればより健全で高度になった、と評価できるでしょうし、世の中の流れからすれば必然でもありました。メーカーで言えば、商品管理を厳格にするようになったというだけです。しかしそうした変化は、言論機関としての新聞から、言論の多様性という魅力を奪うことにもつながりました。付け加えれば、管理が強化されたことで記者のやりがいや、仕事の面白さも失われていったような気がします。

実際、１９６０〜70年代の紙面を読み返すと、記者が今よりずっと自由に記事を書いている感じが伝わってきます。今ではありえない、人権侵害につながるような取材や表現、首を傾げたくなるような極論も目に付きますが、読者から見れば、そのアナーキーさも間違いなく魅力だったはずです。それはおそらく、マクルーハンが見ていた欧米の新聞でもそうだったのでしょう。

ネットも新聞と同じ道を辿る

そう考えると、当時の新聞と似た存在であるネットが、今後どんな発展を遂げていくのかも見えてきます。

ネットは普及が始まって、たかだか20年しか経っていません。今は勃興期であり、サービスが規制やマナーの確立を置き去りにして、急速な進化を遂げている段階です。当然、トラブルや問題も次々に発生しますが、そのアナーキーさが人々を引きつけ、優等生メディアである新聞にはない魅力を提供しています。現実とは基本的に雑多で多様なものであり、ネットは新聞などより、それをずっとリアルに映し出しているのです。

しかし、ネットも成熟期に入れば、新聞と同じ道を辿ることになるでしょう。それが何十年先かはわかりませんが、将来は書き手のルールやマナーが共有され、お行儀の良いメディアになっていくのではないでしょうか。実際、ネットに関する法規制は整備が進んでいます。利用に関するある種のマナーも生まれており、それに反すると「炎上」などの形でペナルティーを受けることも増えました。成熟への過程は、すでに始まっているとも言えるのです。

一方、新聞はどうなっていくのでしょうか。おそらく、新聞の成長によって本がなくならなかったように、規模は縮小するものの、知識人御用達の情報ツールとしては生き残っていくのだと思います。

もちろん、紙から電子へと形は大きく変わるでしょう。しかし、今の新聞をネットに移植すれば、かつての栄華を取り戻せるというものではありません。これまで述べてきたように、新聞の衰退は、紙からネットへという技術的な変化だけがもたらしたものではなく、もっと本質的な原因を抱えているからです。その変化が「進化」だった以上、後戻りは容易ではありません。

一方で、新聞の衰退の原因は、必ずしも新聞という商品の劣化が原因ではないということも認識しておく必要があるでしょう。新聞が大衆の支持を失ったのは、政治的な偏向や誤報の増加などではなく、むしろ洗練や高度化の帰結なのです。だとすれば、組織の管理体制をいくら強化しても、この流れを加速しこそすれ、押しとどめることはできないでしょう。

一方で、発行部数の急激な減少を「衰退」と捉えるのは一面的かもしれません。確かに経営的には大問題なのですが、「信頼できるメディア」を目指す方向性自体は間違っていないでしょうし、そうであれば、少なくとも有料読者の減少は避けられません。「安心安全」と「大衆にとっての魅力」は、ある意味では相反するものだからです。

また、部数減少の一方で、無料読者に限れば、新聞を読む層はかつてないほど広がっているとも言えます。ネットに無料で記事を流し始めた結果、新聞を購読していない人たちまで読むようになっているからです。

実際、総務省情報通信政策研究所がまとめた「情報通信メディアの利用時間と情報行動に関する調査」によると、ネット経由も含めると、ニュース記事を全く読まない人の割合は、減る傾向にあります。こうした新しい層をどうやって固定読者として囲い込み、お金を払ってもらう仕組みを作るかが、これから数年、新聞社の経営課題になっていくでしょう。

ネットの登場は、既存のメディア秩序に地殻変動をもたらしました。しかし、すでに指摘したように、現在、新聞やテレビといった既存メディアの「衰退」をもたらしている変化自体は、それよりずっと前から始まっていたのです。

同時に、なぜSNSをはじめとしたネットメディアが、人々に熱狂的に受け入れられたかも見えてくるのではないでしょうか。それは、ネットがまだ未熟で、アナーキーなメディアだからです。既存メディアが成熟し、そうした魅力を失ったところに登場したからこそ、これだけの成長を成し遂げられたのです。

それでもネットジャーナリズムは健全化していく

2016年に英米で起きたフェイクニュース問題は、まったく同じ形ではないにせよ、日本も経験する可能性が高いと思います。すでに「ワンフレーズ政治」が大きな力を持つようになっており、エリートが語る「嘘っぽい事実」より、思わず信じたくなる「痛快な嘘」の方が力を持ってしまう下地は整っているように見えるからです。中間層や、そこからもこぼれ落ちてしまう人たちの間で、主要メディアが「エリートの手先」と受け取られ始めている点も共通しています。取り返しがつかない選択をしてしまわないよう、対策を進める必要があるのです。

その兆しも現れています。2017年1月、日本でも「大韓民国民間報道」と称するフェイクニュースのサイトが現れ、問題になりました。このサイトが流した、「韓国、ソウル市日本人女児強姦事件に判決　一転無罪へ」という架空の事件や裁判についてのデマ記事を多くの人が真に受け、SNSで拡散したのです。選挙などに影響を与えたわけではありませんが、日本でもフェイクニュースが一定の読者を集めてしまうということが明らかになったわけです。

ただし、私は偽情報が健全なジャーナリズムを駆逐していく未来を想像して、悲観しているわけではありません。長い目で見れば、ネットジャーナリズムは健全になっていくと考えています。

実際、韓国についてのフェイクニュースも、ネットニュースのバズフィードがすぐに「この記事やサイトはフェイクの可能性が高い」と報じ、ヤフーニュースなどへの転載を通じて拡散しました。バズフィードは本家の米国でもフェイクニュース退治に力を入れていますが、日本でもその役割を果たしたのです。

さらに、このサイトの運営者に直接インタビューした記事も掲載しました。この人物が政治的な動機からではなく、純粋に広告料稼ぎを目的にサイトを立ち上げたことや、実際にはほとんど儲からなかったことなどまで聞き出しています（「大量拡散の『韓国人による日本人女児強姦』はデマニュースか　サイトは間違いだらけ」／「韓国デマサイトは広告収入が目的　運営者が語った手法『ヘイト記事は拡散する』バズフィード、2017年1月25日／27日）。

この報道が、今後、日本でフェイクニュースが出てきた場合の抑止力になるのは間違いないでしょう。ネット特有の問題を、新興のネットメディアが解決しようと乗り出したという意味で、この騒動は象徴的だったと思います。

そもそも新聞のルーツと言われる瓦版は、当初はデマや作り話を頻繁に載せていました。売れればそれで良かったからでしょう。買い手の側も、今のスポーツ新聞のように、話半分で受け取って楽しんでいたはずです。

しかし瓦版が新聞に進化し、社会や政治に大きな影響を与え始めると、報道の姿勢も少しずつ変わってきました。誤報をどう防ぐかや、政治的中立性をどう保つかは、戦争前後で何度か揺り戻しはあったものの、この百年一貫して議論されてきたのです。それが成熟の極みに達した時、ネットという新しいメディアが登場し、早送りのようなスピードで同じ歴史をなぞっているのではないでしょうか。

もちろん、その成熟や健全化への流れを加速させることは必要です。メディアは自ら進んで情報の精度を上げていく努力をしなければなりませんし、市民も問題のある情報を拡散したり、報道をゆがめるような不当な圧力をかけたりしないよう、自ら律する必要が出てきているのです。

おわりに

新聞社のサイトを頻繁に見ている人はお気づきの通り、2016年を通じて主要紙のサイトでは「鍵付き」の記事の比率が一気に高まりました。お金を払ったり、自分の個人情報を登録したりしなければ、読めない記事が増えたのです。無料会員が読める記事の本数もどんどん減っています。

これは、新聞社がいよいよネットでの課金ビジネスに本気で取り組みはじめたことを意味します。これまで新聞は、ネット広告による収入や、読者層の拡大を狙って無料配信を続けていました。しかし、本気で「紙」から「電子」への移行に取り組むつもりなら、いつまでもこの状態を続けるわけにはいきません。とくに、「新聞を購読しなくてもニュースはタダで読める」という常識が広がってしまうと、紙であれ電子版であれ、既存の読者が離れていきます。そして、事実それが加速しつつあるのです。

新聞社がネットではなく紙にこだわってきたのは、時代の流れに疎かったからではありません。頭では電子化が避けられないとわかっていても、長い間、関係を築いてきた販売店の経営に打撃を与えることや、印刷工場などで働く従業員の雇用問題などがあって身動きが取れなかったというのが実情です。しかし、業界全体で年間100万部規模の部数減が続くなかで、ついに痛みを伴う改革に取り組まざるをえなくなったのです。

これは読者の側から言えば、「ネットに繋がっていれば、ニュースはタダで読める」という時代の終焉を予感させる変化です。今後もポータルサイトやキュレーションアプリを通じて新聞社の記事をタダで読むことは可能でしょうが、その本数は減っていくでしょう。

新聞記事が抜ける穴を、どんな情報が埋めていくのかは想像するしかありません。新しく誕生してくるメディアが、新聞やテレビ顔負けの高品質のニュースを無料で配信してくれる可能性に期待したいところですが、一次情報を取材して報じるコストを現場で見て知っている元記者としては、悲観的にならざるを得ません。10年先はわかりませんが、少なくとも当面は主要メディアの記事が減り、それを代替できるだけのメディアは育たないのではないでしょうか。

その時は、有料メディアを利用すればいいという考え方もあるでしょう。しかし、経済的に無理な人もいるでしょうし、今でも新聞を定期購読している人がネット情報を読まないわけではありません。結局、ネットに溢れる玉石混交の情報を仕分けして使いこなす必要はあるのです。

それには、意識的に情報リテラシーを高める必要があるでしょう。それは本書で強調してきたように、ある意味では市民の自己防衛を超え、社会的な責務になってきたと思います。微力ではあっても、本書がそうした新しい時代を生きる上でのヒントになれば幸いです。

本書は、2016年3月に出版された前著『新聞の正しい読み方』(NTT出版)を読んだ晶文社の安藤聡さんからご提案をいただき、書き始めました。筆者の怠惰のせいで出稿が大幅に遅れましたが、安藤さんのご尽力により、ネット上のデマやフェイクニュースに注目が集まる時期に出版できることになり、大変感謝しております。

2017年2月

松林薫

【参考文献】

『最近新聞紙学』杉村楚人冠、中央大学出版部
『新聞の行動原理』小林信司、毎日新聞社
『講座　現代ジャーナリズム　II　新聞』城戸又一 編集代表、時事通信社
『新聞のすべて』福田恆存 企画・監修、高木書房
『日本新聞通史　新訂増補』春原昭彦、現代ジャーナリズム出版会
『アメリカジャーナリズム報告』立花隆、文藝春秋
『メディア論』M・マクルーハン著／栗原裕・河本仲聖訳、みすず書房
『メディア・リテラシー』カナダオンタリオ州教育省 編／FCT訳、リベルタ出版
『ジャーナリズムの思想』原寿雄、岩波書店
『メディア・リテラシーを学ぶ人のために』鈴木みどり、世界思想社
『新聞が消えた日　2010年へのカウントダウン』日本新聞労働組合連合 編著、現代人文社
『新版　ジャーナリズムを学ぶ人のために』田村紀雄・林利隆 編、世界思想社
『新版　デジタル・メディア社会』水越伸、岩波書店
『新聞は生き残れるか』中馬清福、岩波書店
『大統領の陰謀』B・ウッドワード、C・バーンスタイン著／常磐新平訳、文藝春秋
『ブログ炎上』伊地知晋一、アスキー
『オトナのメディア・リテラシー』渡辺真由子、リベルタ出版
『池上彰のメディア・リテラシー入門』池上彰、オクムラ書店
『メディア・コミュニケーション学』橋元良明 編著、大修館書店
『輿論と世論』佐藤卓己、新潮社
『メディアの議題設定機能』竹下俊郎、学文社
『2011年　新聞・テレビ消滅』佐々木俊尚、文藝春秋

『インターネット心理学のフロンティア』三浦麻子・森尾博昭・川浦康至編、誠信書房
『メディアリテラシー・ワークショップ』水越伸・東京大学情報学環メルプロジェクト編、東京大学出版会
『リスク・コミュニケーションとメディア』福田充、北樹出版
『つながりすぎた世界』ウィリアム・H・ダビドウ著／酒井泰介訳、ダイヤモンド社
『巨大災害のリスク・コミュニケーション』矢守克也、ミネルヴァ書房
『ネット・リテラシー』西川英彦・岸谷和広・水越康介・金雲鎬、白桃書房
『ネットのバカ』中川淳一郎、新潮社
『メディアのあり方を変えた米ハフィントン・ポストの衝撃』牧野洋、アスキー・メディアワークス
『情報倫理』髙橋慈子・原田隆史・佐藤翔・岡部晋典、技術評論社
『池上彰に聞く　どうなってるの？　ニッポンの新聞』池上彰、東京堂出版
『ニュースの大問題！』池上彰、さくら舎
『池上彰・森達也のこれだけは知っておきたいマスコミの大問題』池上彰・森達也、現代書館
『「炎上」と「拡散」の考現学』小峯隆生・筑波大学ネットコミュニティ研究グループ、祥伝社
『サイト別ネット中傷・炎上対応マニュアル』清水陽平、弘文堂
『ネット私刑《リンチ》』安田浩一、扶桑社
『ピュリツァー賞受賞写真全記録（第2版）』ハル・ビュエル著、ナショナルジオグラフィック編／河野純治訳、日経ナショナルジオグラフィック社
『ミッドナイト・ジャーナル』本城雅人、講談社
『新聞の正しい読み方』松林薫、NTT出版
『ネット炎上の研究』田中辰雄・山口真一、勁草書房
『インターネットと人権侵害』佐藤佳弘、武蔵野大学出版会
『新聞のあゆみ　改訂第2版』春原昭彦、日本新聞博物館

【参考リンク】

The Life and Death of Kevin Carter／「TIME」／http://content.time.com/time/magazine/article/0,9171,165071,00.html

Who will win the presidency?／「FiveThirtyEight」／https://projects.fivethirtyeight.com/2016-election-forecast/

ネットで経済ニュースを読んでも、賢くはならない／「THE PAGE」／https://thepage.jp/detail/20160812-00000003-wordleaf

無責任な医療情報、大量生産の闇　その記事、信頼できますか？／「バズフィード」／https://www.buzzfeed.com/keigoisashi/welq-01?utm_term=.ld5lpjZ5#.pi5a5DLA

フェイクニュースが民主主義を壊す　Facebookが助長したその実態とは？／「バズフィード」／https://www.buzzfeed.com/sakimizoroki/fake-news-on-sns-and-democracy?utm_term=.dhlvlLdx#.cdgGywVp

大量拡散の「韓国人による日本人女児強姦」はデマニュースか　サイトは間違いだらけ／「バズフィード」／https://www.buzzfeed.com/kotahatachi/korean-news-xyz?utm_term=.ac6zX497e#.mw98KNJ9v

韓国デマサイトは広告収入が目的　運営者が語った手法「ヘイト記事は拡散する」／「バズフィード」／https://www.buzzfeed.com/kotahatachi/korean-news-xyz-2?utm_term=.whDbG39M2#.cg7gZK8zL

偽ニュースで発砲　「ピザゲート事件」を歩く／「日経新聞電子版」／http://www.nikkei.com/article/DGXMZO11067380W6A221C1I10000/

フェイスブック、「偽ニュース」に新対策 事実確認、外部に依頼／「日経新聞電子版」／http://www.nikkei.com/article/DGKKZO10740700W6A211C1EAF000/

【参考記事】

［文化］浅井愼平　フォト・ジャーナリストの光と闇　事実と矛盾のはざまで／「産経新聞　夕刊」／1994/9/6

［Ｈｏｗ］ピュリツァー賞を獲得したカメラマン「自殺」　撮影か少女救出か／「毎日新聞　大阪朝刊」／1994/8/6

南アのカメラマンの死を悼む（社説）／「朝日新聞　朝刊」／1994/8/4

［編集手帳］「ハゲワシと少女」を撮ったカメラマンの死／「東京読売新聞　朝刊」／1994/8/3

ピュリツァー賞受賞「ハゲワシと少女」のケビン・カーター氏／「産経新聞　朝刊」／1994/6/29
スーダン飢餓　ピュリツァー賞写真の裏側（メディア）／「朝日新聞　朝刊」／1994/5/3
ピュリツァー賞特集写真部門賞　飢餓：ハゲワシが狙う／「産経新聞　朝刊」／1994/4/14

著者について

松林薫　まつばやし・かおる

1973年、広島市生まれ。京都大学経済学部、同修士課程を修了し1999年に日本経済新聞社に入社。東京と大阪の経済部で、金融・証券、年金、少子化問題、エネルギー、財界などを担当。経済解説部で「経済教室」や「やさしい経済学」の編集も手がける。2014年10月に退社。2014年11月に株式会社報道イノベーション研究所を設立。2016年4月より関西大学総合情報学部特任教授（ネットジャーナリズム論）。著書に『新聞の正しい読み方――情報のプロはこう読んでいる!』（NTT出版）がある。

「ポスト真実《しんじつ》」時代《じだい》のネットニュースの読《よ》み方《かた》

2017年3月20日　初版

著　者　**松林 薫**

発行者　**株式会社晶文社**

東京都千代田区神田神保町1-11 〒101-0051
電話　03-3518-4940（代表）・4942（編集）
URL http://www.shobunsha.co.jp

印刷・製本　**中央精版印刷株式会社**

ISBN978-4-7949-6956-9 Printed in Japan